KB077903

스노우볼 팬더밍

희생과 믿음으로 기다려준
아내 경아에게
고마운 사랑의 마음으로

SNOWBALL FANDOMING

눈덩이처럼 불어나는 브랜드 팬덤 만들기

스노우볼 팬더밍

박찬우 지음

탄탄한 팬덤을
구축하지 않으면 낙오한다

한양대학교 경영대학 명예교수 **홍성태**

트위터, 페이스북, 인스타그램, 유튜브, 틱톡 등으로 이어지는 SNS 마케팅. 그런데 실제적인 효과를 보신 분들이 있나요? 인터넷 시대가 본격화되면서 각종 SNS 마케팅 기법들이 등장했습니다. 이것들을 안 하면 뒤처지는 것 같으니까 일단 해보지만, 경영성과로 이어지는 경우는 많지 않았던 것 같습니다. 그 이유가 뭘까요?

 이 책은 지난 20년의 디지털 시대를 뒤돌아보는 것에서 시작합니다. 우선 각종 SNS에서 이루어진 소셜미디어 마케팅의 강약점을 아주 잘 정리했습니다. 그래서 소셜 마케팅을 한다고 했는데, 무엇을 놓쳐서 효과가 없었는지 깨닫게 됩니다. 그 핵심 포인트는 SNS 안에서 즐기고 놀 줄 알아야 하는데 SNS를 마케팅 기법으로만 보았기 때문이라는 것이죠.

소셜 마케팅을 십분 활용하려면 잉여코드, 있어빌리티, 인스타워시, 덕후코드 등 디지털 시대의 문화 코드를 이해해야 합니다. 《스노우볼 팬더밍》은 이를 풍부한 사례로써 알기 쉽게 설명하고 있습니다. 가령 유머는 아주 중요한 코드이지만 유머가 유머로 끝나면 안 되고, 그를 통해 메시지를 효과적으로 전달할 수 있어야 한다고 합니다.

전반적으로 이 책은 디지털 세대의 심리와 원리를 잘 설명하고 있습니다. 예를 들어 고객의 자발적인 참여와 지지자 확산을 유도하지 않으면 효과를 보기 쉽지 않다고 말하는 데 그치는 게 아니라, 고객들이 "왜" 자발적으로 이야기하고 싶어하는지를 파악하고 이해시킵니다.

결국 소셜 마케팅은 그야말로 '소셜'이 핵심입니다. 수많은 고객 중에서 지지층을 찾아 그들을 고정고객화하고 확산하는 것이 포인트입니다. 기업이나 브랜드는 고객의 의견을 적극적으로 수렴하고 경험을 제공하여 참여를 이끌어내야 하는데, 한마디로 어떤 미디어를 활용하든 '브랜드 팬덤'을 구축해야 할 때입니다.

팬클럽이나 앰배서더 등, 팬덤에 대한 개념은 20세기에도 있었습니다만, 이제는 소셜미디어의 도움으로 훨씬 효과적으로 팬덤을 구축할 수 있을 뿐만 아니라 팬덤을 구축하지 못하는 기업은 낙오하는 세상이 되었습니다.

밀레니얼 시대에 들어와서도 서포터즈 행사라든지 단기적으로 팬을 관리하는 활동은 많았습니다. 그러나 브랜드 팬덤은 장기적 관점으로 설계되어야 효과를 거둘 수 있습니다. 그 구체적이며 실제적인 실행 방안을 5단계 모델로 설명하는 것이 이 책의 하이라이트입니다.

팬덤을 구축하는 5단계 모델, 즉 1단계에서 지지자 저변을 확보하고, 2단계에서 공격적으로 지지자를 발굴하며, 3단계에서 지지자들 간의 연결고리를 만들고, 4단계에서 팬들을 육성하며, 5단계 승급과 보상을 통해 확고한 팬층을 형성하는 과정과 방법을 매우 소상하게 설명하고 있습니다. 마치 조그만 눈덩이를 굴려 커다란 눈사람을 만들 듯 팬덤을 형성하는 방식입니다. 대기업이든 중소기업이든 이 모델의 원리를 이해하면, 온라인 및 오프라인 커뮤니티 운영에 크나큰 도움을 얻으실 수 있습니다.

박찬우 대표는 수많은 기업의 디지털·소셜 마케팅을 기획하고 운영하며 컨설팅해왔습니다. 저는 그가 컨설팅하는 회의에도 여러 번 참석했었는데, 현장 경험이 많고 타고난 직감력이 뛰어나 날카로운 지적과 무릎을 치게 되는 해법을 제시하는 것을 많이 보았습니다. 그런 박 대표가 원고를 보내왔기에 보았더니, 아니나 다를까 매우 통찰력이 있고 현실감이 있으며 친절한 원고더군요.

IT 기술이 나날이 진보하여 새로운 소셜미디어가 줄지어 탄생하고, 참여와 경험을 중시하는 MZ세대를 비롯하여 모바일을 접하는 모바일

네이티브 세대가 등장하고 있습니다. 이 시점에 팬덤 구축은 모든 기업의 과제입니다. 소셜미디어의 변화에 대해 잘 모르시는 분은 변화의 물결을 쉽게 이해할 수 있는 책이며, 소셜 마케팅에 대해 이것저것 시도해보았으나 효과를 못 보신 분들에게는 실제적인 도움이 될 책입니다. 팬덤 구축에 대한 많은 아이디어를 얻으시기 바랍니다.

1장 회전목마에서 이제 내릴 때
: 탈 소셜미디어 시대를 초래한 실수들

4장　스노우볼 팬더밍 서클에 올라타라
: 팬덤을 구축하는 5단계 프로세스

5장　**지속적으로 진화하려면**
: 팬덤 문화 만들기

당신의 브랜드는 왜
팬덤을 만들 수 없었는가

팬덤은 소위 빠돌이, 빠순이로 비하되기 일쑤였고, 비이성적이고 맹목적이라며 평가 절하되었습니다. 그러나 이들은 망해가는 영화를 다시 살려냈고, 한류 연예인을 전 세계에 알렸으며, 케이팝K-pop을 세계화한 일등공신입니다. 방탄소년단BTS이 3일간 연 공연의 경제효과가 1조 원에 육박할 정도로 놀라운 성과를 만드는 데 결정적인 역할을 했죠.

이제 팬덤은 영화, 연예, 음악 부문을 넘어 그들이 지지하는 가치와 취향에 따라 다양한 범주로 영향력을 키워나가고 있습니다. 여행, 자동차뿐만 아니라 사회정치 분야까지 무시할 수 없는 영향력자로 인정받게 되었습니다. 그렇다 보니 이들의 리뷰가 미치는 영향력이 대단합니다. 인플루언서나 셀럽, 파워블로거, 크리에이터들이 만든 '광고 아닌 광고' 리뷰는 효과가 점점 약해지고 있습니다. 이제 누가 당신의 제품과 서비스를 대중에게 효과적으로 알릴 수 있을까요?

기업이나 브랜드는 자신만의 팬덤을 갖는 일이 그 어느 때보다 절박해졌습니다. 고객이 참여하고 지지하는 '브랜드 팬덤'이 브랜딩 성공의 새로운 기준이 되었으니까요. 팬덤의 강력한 영향력과 지지를 얻기만 한다면 여러분의 비즈니스에 날개를 달아줄 것입니다.

사실 기업들은 모르지 않았습니다. 팬덤을 얻기 위해 무수한 노력을 했죠. 충성 고객, 열성 고객 등의 이름으로 팬덤을 만들기 위해 다양한 시도를 해왔습니다. 최근에는 트위터, 페이스북, 인스타그램, 유튜브 등 다양한 소셜미디어 채널을 통해 고객과 친밀해지려고 했지만 대부분 실패했습니다. 재밌는 영상과 사진은 고객에게 먹히질 않았고, 심지어 기업이 만든 소셜 콘텐츠는 대중에게 외면받았습니다. 왜 기업은 고객들과 그토록 원하는 친구가 될 수 없었을까요?

첫째, 기업은 팬덤이 팬에 의해 자연적으로 만들어지는 것이라 생각하고 본연의 제품과 서비스에만 집중한 탓입니다. 물론 제품과 서비스는 중요합니다. 하지만 이제 그 차이는 거의 없으며, 제품과 서비스만으로 '다름'을 만들어내는 것은 쉽지 않은 상황입니다.

둘째, 브랜드 팬덤은 큰 기업만 만들 수 있다고 오해했습니다. 작은 브랜드를 지지하는 고객은 없을 거라는 편견과 작은 기업이 감당하기엔 너무 큰 일이니 시작도 하지 말자는 두려움에서 비롯됩니다. 브랜드의 팬은 쉽게 말해 브랜드의 친구입니다. 누구나 친구를 가질 수 있듯이 작은 기업, 심지어 개인도 팬덤을 만들 수 있습니다.

셋째, 대부분의 기업이 팬덤을 구축하는 방법을 잘 모릅니다. 이 시대의 팬덤은 팬들이 직접적으로 참여해야 형성되는데, 기업들은 팬이 브랜드를 맹목적으로 지지하는 1980년대 팬덤에 생각이 머물러 있습니다. 이렇게 시대착오적이다 보니 공식 소셜미디어 채널을 개설해 팬들과 소통하면 곧 팬덤이 형성될 거라 기대하는 것이죠. 기업들이 고객 서포터즈를 운영할 때 1, 2기를 배출하는 데 그치고 좀처럼 앞으로 나아가지 못하는 상황도 비슷한 맥락에서 발생하는 현상입니다.

대부분의 기업이 팬덤을 구축할 때 팬을 모집하는 것에서 시작해 6개월이 지나면 그들을 졸업시키고 다음 기수를 모집해 또 일정 기간 활동하게 합니다. 브랜드에 애정이 생긴 팬들이 더 나아갈 수 있는 길을 보여주지 않았습니다. 눈싸움하는데 눈덩이를 만들지 않고 공중에 흩뿌린 것과 같습니다. 단기적이고 매우 작은 결과만 낳을 뿐이죠. 초국적, 초문화, 초거대 팬덤은 하루아침에 형성되지 않습니다. 팬덤은 기업이나 브랜드의 지지자들에게 좋은 경험을 지속적으로 쌓을 수 있도록 지원해야 만들어집니다.

이 책은 제가 14년간 한국지엠, 한국마이크로소프트, 소니코리아, 한국인삼공사, 삼성화재, 현대캐피탈, 미래에셋생명, 신세계백화점 등 유수한 기업의 디지털 마케팅 컨설팅 경험과 디지털 마케팅의 최전선에서 보고, 듣고, 체험한 노하우와 사례들을 기반으로 합니다. 기업들의 실수와 성공 사례를 분석하고 디지털 군중의 팬덤을 벤치마킹하여 기업이나 브랜드가 팬덤을 만들 수 있도록 '스노우볼 팬더밍 서클 Snowball Fandoming Circle' 모델로 정리했습니다.

스노우볼 팬더밍 서클을 통해 팬덤이 만들어지는 과정, 즉 팬더밍에 집중합니다. 장기적인 관점에서 지지자들을 만들 수 있는 저변을 다지고, 지지자들을 발굴해 연결하고 팬으로 육성하는 활동을 거치며, 그에 합당한 등급과 보상을 제공하는 과정의 설계를 5가지 단계로 구성했습니다.

책의 1장은 기업들이 시도해온 수많은 디지털 마케팅이 무용했던 이유와 실수를 돌아봅니다. 2장은 기업의 소셜, 디지털 마케팅에서 겪은 시행착오를 기반으로 디지털 시대에 고객에게 접근할 새로운 기회들을 살펴봅니다. 활용 중인 소셜미디어 채널과 디지털 캠페인의 목표를 재설정하는 데 도움을 얻을 수 있습니다. 3장은 브랜드 팬덤의 정의와 형성 과정, 특성에 대해 설명하고 디지털 군중을 이해하는 바로미터인 디지털 크라우드 컬처, 즉 잉여코드, 있어빌리티, 인스타워시, 덕후코드를 살펴봅니다. 특히 디지털 크라우드 컬처는 팬덤 구축이 목적이 아니더라도 디지털 세상을 바라보는 관점을 새롭게 정의해드릴 것입니다.

4장은 눈덩이처럼 불어나는 브랜드 팬덤을 만드는 스노우볼 팬더밍 서클 5단계를 하나씩 살펴봅니다. 팬덤을 원하지 않더라도 효과적인 디지털 커뮤니케이션을 원한다면 1단계 저변 만들기는 꼭 살펴보기 바랍니다. 5장은 스노우볼 팬더밍 서클을 장기적으로 운영하는 방법을 살펴봅니다. 브랜드 팬덤 구축 체크리스트를 통해 팬덤을 구축하는 과정을 한눈에 파악할 수 있으며, 스노우볼 팬더밍 서클 적용 사례들을 통해 여러분의 상황에 맞는 팬덤 설계에 도움을 얻을 수 있습니다.

중소기업, 심지어 개인도 팬덤을 구축할 수 있도록 실행 방법들을 단계별로 설명했습니다. 당장 브랜드 팬덤을 구축하려고 하는 기업의 실무자부터 디지털 마케팅 담당자 또는 디지털 마케팅, 커뮤니케이션을 처음 시작하려는 분들까지 상황에 맞게 원하는 부분을 취할 수 있도록 정리했습니다.

예전에 브랜드 팬덤을 이야기하면 할리데이비슨의 고객이 기업 로고를 문신한 사례가 꼭 등장했습니다. 그러나 시대가 바뀌었습니다. 이처럼 대단한 슈퍼 팬덤을 단번에 얻기란 어려워졌으니까요. 대신 사람들의 노트북 커버에 여러분의 브랜드 로고가 붙어 있다면 어떨까요? 개인화된 광고판이나 마찬가지인 노트북 커버에는 노트북 사용자가 좋아하고 자랑스러워하는 것들의 스티커가 잔뜩 붙어 있습니다. 아이돌 그룹에서부터 슈프림, 나이키, 파타고니아, 하이네켄 등 기업의 브랜드 스티커도 붙어 있습니다. 이 책은 당신의 브랜드 스티커를 제작하는 쉬운 일부터 안내합니다. 기업이나 브랜드와 지지자 간의 연결고리를 찾아 '고객과 함께' 다름을 만들어나가는 첫걸음을 알려줍니다.

소셜미디어 인프라를 활용해 브랜드를 지지하는 사람들을 찾아 나서는 것은 생각보다 어렵지 않습니다. 기억하세요. 브랜드 팬덤은 여러분의 기업이나 브랜드 팬들이 좋아하는 것을 더 잘 알 수 있도록 도와주고, 좋아하는 것을 더 좋아할 수 있도록 지원해주는 것입니다. 그리고 여러분의 팬덤이, 기업이나 브랜드를 지지하는 그들의 활동이 대중에게 선망의 대상이 되도록 만드는 것입니다. 지금 당장 스노우볼 팬더밍 서클에 올라타야 할 이유는 충분합니다.

첫 책이 나오기까지 물심양면으로 독려해주시고 도움을 주신 홍성태 교수님께 진심으로 감사드립니다. 15권 이상의 출판 경험을 나누어주신 디지털리테일컨설팅그룹의 김형택 대표님에게도 술 한잔 사겠습니다. 저를 강의에 입봉시켜주시고 이끌어주신 메타브랜딩의 박항기 사장님, 고맙습니다. 많은 실무의 기회를 주신 헤일로에이트 신은주 대표님, 일이면 일 술이면 술 합이 맞는 타샤 팀장님 외 식구들도 감사합니다. 10년 넘게 책을 쓴다는 허세를 믿고 기다려주신 지인들께도 다시 한번 감사드립니다.

박찬우

1장
회전목마에서 이제 내릴 때

:
탈 소셜미디어 시대를
초래한 실수들

"갈수록 빨라지지만 결코 어디로도 나아가지 못하는
소셜미디어의 회전목마에서 이제 내릴 때가 되었다."
세스 고딘은 기업들에게 '이제 때가 되었다.'고
노골적으로 탈脫 소셜미디어를 권장했습니다.
기업이 그들의 채널을 속속 떠나는
탈 소셜미디어의 시대가 열린 것이죠.

누가
먼저 떠났는가

900개의 매장을 운영하는 영국의 대중 주점 웨더스푼Wether-
spoon이 2018년 페이스북과 트위터, 인스타그램의 운영을 중단
했습니다. 그뿐만 아니라 전기차업체 테슬라, 우주개발업체 스페
이스X, 그리고 2,500만 명의 팬을 거느린 잡지사 〈플레이보이〉
도 페이스북의 계정을 닫았습니다.[1]

글로벌 뷰티 브랜드 러쉬Lush도 2019년 4월 SNS 채널 운영을 종료
한다고 선언했습니다. 영국 러쉬 본사가 보유한 팔로워는 인스타그램
에 57만 2,000명, 페이스북에 42만 3,000명, 트위터에 20만 2,000명가
량이며, 자국 내 러쉬의 브랜드 계정 외에도 러쉬 키친Lush Kitchen, 러
쉬 타임스Lush Times, 러쉬 라이프Lush Life, 솝박스Soapbox, 고릴라 아트

하우스Gorilla Arthouse 등 브랜드와 관련된 주요 계정 운영을 모두 중단하겠다고 발표했습니다.[2]

"갈수록 빨라지지만 결코 어디로도 나아가지 못하는 소셜미디어의 회전목마에서 이제 내릴 때가 되었다."[3] 세스 고딘은 기업들에게 노골적으로 '이제 떠날 때가 되었다.'고 탈 소셜미디어를 권장하기도 했습니다. 기업이 그들의 채널을 속속 떠나는 탈 소셜미디어의 시대가 열린 것이죠.

탈 소셜미디어 현상이 글로벌 기업들에서만 이뤄지고 있는 것은 아닙니다. 국내 현대카드의 야심 찬 프로젝트였던 '채널 현대카드'도 2019년 1월 1일자로 문을 닫았습니다.[4] 또한 많은 국내 기업들이 한정된 자원으로 유튜브 채널을 운영하기 시작하면서 기존의 블로그나 페이스북 공식 계정을 닫고 있습니다.

사용자들은 이미 떠났다

여기서 잠깐, 기업의 고객이자 소셜미디어의 개인 사용자들은 어떨까요? 고객이 기업보다 소셜미디어를 먼저 사용했던 것처럼, 사용자들은 이미 소셜미디어를 떠나고 있었습니다. '99일의 자유를 위한 투쟁'(www.99daysoffreedom.com)을 들어본 적이 있으신가요? 여기서 투쟁의 대상은 바로 페이스북입니다. 네덜란드의 비영리 단체가 99일간 페이스북을 사용하지 않는 캠페인을 벌였는데요. 캠페인 참가자들이 페이스북을 사용하지 않는 99일간 생활에 어떤 변화를 느꼈는지 보고서를 작성해 공유했습니다.

사용자들은 광고와 스팸이 넘쳐나는 것에 염증을 느끼고 느슨한 인간관계를 유지하는 것에 피로가 쌓이자 탈 소셜미디어를 선언했습니다. 이후 몇 번의 개인정보 유출 사건이 발생하고 실제로 소셜미디어 계정을 떠나는 경우가 확연하게 늘었습니다.

국내에서도 페이스북 이용의 감소 추세는 이미 뚜렷합니다. 2018년 코리안클릭에 따르면 국내 페이스북의 순 방문자 수는 2017년 8월 1,810만 명이었는데, 2018년 8월에는 1,600만 명으로 1년 새 11.6% 감소했습니다. 총 누적 체류 시간도 같은 기간 69억 분에서 49억 분으로 29%가량 급감했습니다.[5] 눈여겨볼 것은 소셜미디어 채널을 완전히 떠나는 것이 아니라 다른 채널을 향해 이동했다는 점입니다.

채널을 갈아타는 진짜 이유

다시 기업의 이야기로 돌아와봅시다. 기업들의 탈 소셜미디어 현상을 이해하기 위해서 그들이 소셜미디어를 떠나는 이유를 살펴봐야 합니다. 앞서 언급한 웨더스푼은 소셜미디어 계정을 관리하느라 고객 서비스가 소홀해졌고, 많은 사람이 과도하게 소셜미디어에 몰두하는 등 사회적으로 부정적인 면이 많다는 이유로 자사의 계정을 닫고 회사 홈페이지를 통해 행사 소식 등을 전하겠다고 했습니다.

러쉬는 "소셜미디어 속 알고리즘과의 싸움에 지쳤다."며 "뉴스피드를 위해 더는 광고비를 내고 싶지 않다."고 이유를 밝혔습니다. 그러고는 소셜미디어 채널 운영사들에 대한 불만을 표하며 소셜미디어 외에 사용자가 참여할 수 있는 해시태그나 자체 플랫폼을 소개했습니다. 이와 반대로 채널 현대카드는 동영상 콘텐츠를 확산하는 데 유리한 유튜브 채널을 통해 디지털 커뮤니케이션을 계속한다는 방침입니다.

세스 고딘은 저서에서 "우리는 페이스북이라는 회전목마에 올라타 광고를 퍼뜨리고, 팔로워 수를 세고, 눈에 띄기를 바라며 더 많은 콘텐츠를 제작한다. 그러나 영향력과 신뢰를 얻을 수 있는 다른 방식이 많다."[6]고 말했습니다. 소셜미디어를 벗어난 방법을 제시하고 있죠.

사실 국내 기업들 사이에서는 탈 소셜미디어라는 말보다 '소셜미디어를 활용한 마케팅은 효과가 없다.'는 의미의 '소셜미디어 마케팅 무용론'이 공공연하게 거론되고 있습니다. 소셜미디어가 중요한 마케팅 수단인 것은 분명하지만 효과를 보려면 많은 시간과 비용이 든다는 지적이죠. 심지어 '그 효과가 크지도 않고 지속가능하지도 않다.'는 불만도 많습니다.

어떤 이유에서건 기업들이 각자의 이유로 그들의 소셜미디어를 떠나거나 새로운 채널로 갈아타는 시대가 열렸습니다. 도대체 무슨 일이

있었을까요? 왜 10년 이상 소셜미디어 마케팅에 열을 올리다가 채널
들을 속속 떠나는 걸까요? 근본적인 원인에 대해 차근차근 알아보겠
습니다.

소셜미디어 마케팅
10년 사

이미 끝난 바둑의 판국을 두었던 대로 한 수씩 재현하는 것을 복기復碁라고 합니다. 승리와 패배를 다시 분석해 차후의 승부에 밑거름으로 삼기 위해서죠. 10년 이상 소셜미디어 마케팅을 해온 기업들이 그들의 채널을 떠나는 이 시점에서 그동안 기업들이 해왔던 소셜미디어 마케팅을 한 수 한 수 복기해봐야 하겠습니다.

2000년 이후, 고객이 달라졌다

그림1은 기업들이 소셜미디어 홍보와 마케팅을 해온 10년 사를 시

그림1 국내 기업의 소셜미디어 커뮤니케이션의 역사

간의 흐름에 따라 정리한 것입니다. 여기서 '소셜미디어 마케팅 무용론'의 시발점을 찾아보도록 하죠. 소셜미디어가 처음 등장했던 대략 2000년을 기준으로 고객을 나누어보겠습니다. 즉, 2000년 이전의 고객과 2000년 이후의 고객으로요.

2000년 이전의 고객이 프린터를 한 대 구입해야 한다고 가정해봅시다. 그들이 프린터에 대한 정보를 온라인에서 얻는 2가지 경로가 있었습니다. 첫 번째는 프린터 제조사의 홈페이지로, 그곳에서 제품정보, 사양, 가격들을 확인했습니다. 두 번째는 제조사가 제공한 보도자료를 기반으로 쓰여진 온라인 기사에서 얻었습니다. 결론적으로 고객들은 제조사들이 제공하는 정보를 온라인에서 제공받아 구매를 결정했습니다.

2000년 이후에 고객은 어떻게 하는지 생각해봅시다. 요즘은 프린터를 구입하려고 제일 먼저 무슨 일을 할까요? 네이버, 구글, 다음과 같은 검색엔진에서 '프린터'를 검색해보겠죠. 검색 결과에서 제조사의 홈페이지를 클릭할까요? 보통은 카페, 블로그, 가격비교사이트 등 제품을 먼저 구매한 고객들의 경험이 담긴 사이트를 방문할 것입니다.

제조사의 홈페이지는 왜 외면받을까요? 고객들은 제품의 제원보다는 사용자의 구매후기를 원하고, 단독 제품의 제원보다 여러 브랜드의 제원을 비교한 정보가 더 궁금하기 때문입니다. 제조사의 홈페이지에는 어떤 정보가 어떤 방식으로 정리되어 있을지 이미 예측되기 때문에 특별한 경우가 아니고서는 방문하지 않죠.

고객의 입장에서는 당연한 일이라고 생각하겠지만 제조사의 입장에서는 매우 기가 찰 노릇입니다. 자신들이 만든 제품에 대한 정보를 제조사에서 얻지 않고 고객끼리 공유합니다. 심지어 그 대화에서 제조사는 배제되어 있습니다.

기업에 주어진 미션

2006년 포레스터리서치는 기업과 고객 간의 커뮤니케이션의 변화에 대해 고객들이 자신에게 필요한 것을 기업과 같은 전통적인 조직으로부터 얻지 않고, 정보통신 기술을 이용하여 서로에게 직접 얻어내는 사회적 현상을 그라운드 스웰Groundswell이라 정의했습니다.[7] 그라운드 스웰은 어원 그대로 해석하면 '먼 곳의 폭풍에 의해 생기는 큰 파도'로 소셜미디어, 새로운 정보통신 기술들을 이용해 고객들이 스스로 정보를 모으고 분석, 판단하면서 기업이 정보의 생산과 유통을 주도하던 통제권을 무력화시키는 현상입니다.

기업이 대고객 커뮤니케이션에서 가장 두려워하는 것 중 하나가 바로 커뮤니케이션의 주도권을 빼앗기는 일입니다. 그런데 현실이 되어버렸으니 당황한 기업들은 머리를 싸매고 고민합니다. '어떻게 하면 달라진 시대에 우리의 메시지를 전달할 것인가?' 기업의 소셜 웹(Social Web, 사이버 공간에서 사람들이 관계를 형성하며 정보를 주고받는 서비스. 전화, 이메일, 메신저, SNS 등을 포괄하는 개념) 커뮤니케이션 시대가 열렸습니다. 주된 소셜미디어 매체는 블로그이고, 주된 콘텐츠 형식은 장문이었습니다. 기업들은 공식 블로그를 개설하고 그들의 이야기를 시작했습니다.

기업들은 처음에 시행착오를 겪어야 했지만 새로운 시대에 메시지를 전달하는 방법들을 어느 정도 이해하기 시작했습니다. 그러자 고민이 점차 의욕으로 바뀝니다. '우리의 메시지를 확산할 수 없을까?' 이즈음에 주된 소셜미디어 매체는 트위터, 페이스북과 같은 소셜 네트워크 서비스, 즉 SNS였습니다. 주된 콘텐츠 형식은 단문이었습니다.

소셜미디어 마케팅을 진행하던 기업들은 슬슬 의문이 들기 시작했습니다. 고객들이 그 메시지에 공감하는 것 같지는 않다고 말이죠. 그래서 지금 기업들은 전달과 확산을 거쳐 다음 단계로 가려는 노력을 하고 있습니다. '우리의 메시지를 어떻게 공감시킬 것인가?'로 말이죠.

그렇다면 지금 주된 소셜미디어 매체는 무엇일까요? 지금은 개인 취향의 시대로 주류 매체를 지정할 수 없이 다양한 취향에 따라 다양한 매체가 골고루 사용되고 있습니다. 마케터는 더 힘들어졌죠. 고객들이 주로 사용하는 소셜미디어 매체를 기업들이 일일이 찾아서 활용해야 하니까요.

그렇다면 최근에 주된 콘텐츠 형식은 무엇일까요? '비주얼 콘텐츠'와 '큐레이션 콘텐츠'입니다. 사람들이 정보를 습득하는 디바이스가 PC에서 모바일로 바뀌고, 모바일에서 가장 효과적이라고 판단되는 사진, 동영상, 이미지 등의 시각적인 콘텐츠의 활용도가 높아졌습니다. 큐레이션 콘텐츠는 특정 분야의 전문가나 특정 분야를 먼저 경험한 사람이 그 분야에 관심 있는 다른 사람들을 위해서 정보를 골라주는 것입니다. 즉, 정보의 바다를 헤매고 있는 현대인들에게 딱 맞는 콘텐츠 형식인 셈이죠.

이렇게 지난 10년간 기업이 소셜미디어를 활용해온 과정을 살펴보았습니다. 여러분은 '소셜미디어 마케팅 무용론'이 대두한 원인을 찾으셨나요? 답을 찾지 못한 분들을 위해 실무 마케터의 관점으로 다시 2000년부터 들여다보겠습니다.

페이스북 그다음은 무엇인가

새로운 사업을 시작하면 사장님들이 인터넷에 꼭 만드는 것이 무엇일까요? 바로 홈페이지입니다. 홈페이지가 준비되지 않으면 사업 준비가 덜 된 듯한 찜찜함이 느껴집니다. 이렇게 홈페이지 개설을 당연하게 여기는 분위기에서 몇몇 기업이 생소한 블로그를 먼저 개설하기 시작했습니다. 이후 많은 기업들이 블로그가 무엇이고 어떻게 활용하는지 잘 모른 채 경쟁사에서 개설했다는 이유로 너 나 할 것 없이 오픈했죠.

블로그를 운영해본 사람들은 매일 1개 이상의 포스팅을 게시하기가 쉽지 않다는 것을 잘 알 겁니다(초기 기업 블로그는 대부분 매일 1개 이상의 포스트를 올렸습니다). 공식 블로그를 개설하고 맛집, 여행 정보, 기업뉴스, 제품정보를 섞어가면서 포스팅을 다채롭게 올려도 눈에 띄는 효과를 얻을 수 없었죠. 그러다 트위터가 등장합니다. 기업들이 너도나도 공식 트위터 계정을 개설합니다.

실시간 속성에 맞추어 기업의 뉴스를 전달하는 기업도 있었지만, 대부분 이런 트윗을 올렸습니다. "아침에 출근하는데 꽃이 피어 있어 기분이 방긋, 여러분도 출근 잘 하셨나요?" 이런 공식 트위터 계정들이 공식 블로그보다 좋은 효과를 얻었을까요? 아닙니다. 기업들은 다시 새로운 소셜미디어 매체를 살펴보기 시작합니다.

그다음엔 페이스북이 부상합니다. 기업들이 다시 심기일전하여 페이스북 페이지를 준비합니다. '복날 꼭 가봐야 하는 삼계탕 맛집 베스트 3'

등과 같은 정보들을 카드뉴스로 발행했습니다. 소셜미디어 채널을 통해 '고객에게 유익한 정보를 제공해야 한다.'는 명분이었죠. 사실은 고객들에게 유익한 정보를 제공한다는 명분보다는 마케터들에게 할당된 목표인 KPI(Key Performance Indicator, 핵심성과지표)를 달성하기 위해서 였습니다.

페이스북은 이러한 기업들의 스팸성 메시지를 지속적으로 제재했고, 급기야 2018년에 마크 저커버그는 가짜뉴스가 범람하는 원인을 광고성 콘텐츠라고 판단하고, "뉴스피드라는 한정적인 공간에서 광고주 포스팅은 더 한정적이어야 한다."[8]고 선언합니다.

이제 기업들의 고민은 무엇일까요? "페이스북 다음은 뭐지?"라는 의문을 가지고 다시 소셜미디어 채널들을 살펴보고 있습니다. 그래서 또다시 인스타그램과 유튜브로 갈아탈 준비를 하고 있지요. 기업들은 10년 동안 블로그에서 트위터로, 트위터에서 페이스북으로 채널을 바꾸면서 공식 계정을 지속적으로 개설했습니다. 또한 그 채널에 맞는 콘텐츠를 찾기 위해 많은 시행착오를 거쳤습니다. 결국 고객들에게 한 걸음도 더 다가가지 못했고, 소셜 웹에서 좋은 기업 평판을 얻지도 못했습니다. 오히려 '소셜미디어 마케팅 무용론'을 등장시켰습니다. 기업들이 말만 갈아탄다고 SNS 피로도가 높아진 고객들에게 새로움을 주지는 못했죠. 여기에 소셜미디어 마케팅 무용론을 초래한 실수가 더 있습니다. 하나씩 살펴보겠습니다.

채널 운영이 소셜 마케팅의
전부라는 착각

"소셜미디어란 무엇입니까?"

제가 강의를 시작할 때 던지는 질문입니다. 청중들은 한동안 저와 눈을 마주치지 못하다가 하나둘씩 말합니다. "블로그요!", "페이스북이요, 트위터요!" 사람들은 대부분 소셜미디어의 정의보다는 결과인 매체에 더 익숙한 것이 현실입니다.

"소셜미디어는 트위터, 페이스북과 같은 소셜 네트워킹 서비스에 가입한 이용자들이 서로 정보와 의견을 공유하면서 대인관계망을 넓힐 수 있는 플랫폼을 가리킨다." 네이버 지식백과에서 정의한 소셜미디어의 의미입니다. 소셜미디어를 SNS로 한정 짓는 현실의 문제점을 눈치 채셨나요? 소셜미디어는 SNS보다 더 포괄적인 의미의 개념입니다.

"소셜미디어는 웹 2.0 시대의 기본정신이 투여되고 이 정신을 따르는 미디어를 총칭합니다." 오라일리 미디어 사O'reilly Media, Inc.,의 대표 팀 오라일리가 2004년 10월 웹 2.0 컨퍼런스에서 공개한 소셜미디어의 개념입니다. 닷컴 버블에서 살아남은 닷컴 기업들의 공통적인 특징이자 웹 2.0의 기본정신은 '참여', '개방', '공유', '협업'을 말합니다. 즉 소셜미디어는 누구나 참여가 가능하고, 누구에게나 개방되어 있으며, 누구나 공유가 가능하고, 누구와도 협업할 수 있는 미디어를 의미합니다.

그런데 국내의 소셜미디어 마케팅을 되돌아보면 웹 2.0의 기본정신을 기반으로 했다기보다 블로그, 트위터, 페이스북 등 소셜미디어 채널 운영에만 집중했고, 또 그것이 소셜미디어 마케팅의 전부라고 착각했습니다. 채널 운영은 소셜미디어 마케팅의 많은 방법 중 하나일 뿐입니다. 역으로 생각해보자면 많은 기업이 소셜미디어 채널 운영에만 집중하다 '소셜미디어 마케팅 무용론'이 도래했다고 볼 수 있죠. 소셜미디어의 원래 정의에서 소셜미디어 마케팅의 새로운 활로를 찾아보면 어떨까요?

소셜미디어에 대한 시각 넓히기

'참여', '개방', '공유', '협업', 즉 웹 2.0의 기본정신을 기반으로 소셜미디어 마케팅을 재구성해본다면 시야가 좀 더 넓어집니다. 2011년 오바마 행정부가 만든 온라인 청원 게시판 '위더피플Wethepeople'을 아시나요? 청와대의 '국민청원' 사이트는 '위더피플'을 참고해서 만들어졌습니다. 2013년 '위더피플'에 청원 하나가 등록됩니다. "미국의 국방 예산을 데스 스타 같은 무기 체계에 사용한다면 건설·공학·우주탐사 등 여러 분야에서 일자리를 창출하고 군사력을 강화할 수 있을 것이다. 2016년까지 데스 스타 건설을 시작해라!"

참고로 데스 스타는 영화 '스타워즈' 시리즈에 나오는데요, 제국군의 행성 파괴를 전문으로 하는 지름 160km의 초거대 무기입니다. 준공 중인 이 무기를 파괴하기 위해 반란군 X윙, Y윙이 전투를 펼치기도 했죠. '위더피플'은 국민청원의 추천 수에 따라 공개 답변을 다는 원칙으로 운영됩니다. 당시 백악관은 한 달 내에 2만 5,000건의 추천을 받으면 답변해주었습니다(현재는 30일간 10만 명 이상의 동의를 얻어야 백악관의 공식 답변 대상이 됩니다).

과연 데스 스타를 건설하자는 청원은 2만 5,000건의 동의를 얻었을까요? 해당 청원은 약 3만 4,000명 이상의 동의를 얻었습니다. 약속대로 당시 행정관리예산국 과학·우주분과장 폴 쇼크로스가 답했습니다.

"미 행정부는 일자리 창출과 강력한 국가 방위에 대한 당신의 요청에 동의하지만 데스 스타는 만들지 않습니다. 몇 가지 이유를 말씀드리면 데스 스타 건설에는 85경 달러 이상이 소요될 것으로 추산됩니다. 현재 정부는 재정적자를 늘리는 것이 아니라 줄이려고 노력 중입니다. 또한 미 행정부는 행성들을 파괴할 계획이 없습니다. 그리고 1인승 전

투기(X윙)에 의해 파괴될 수도 있는 데스 스타에 국민들의 엄청난 세금을 낭비할 수는 없잖습니까? 우리는 벌써 축구장 크기의 거대한 우주 정거장이 있고 레이저를 쏘는 로봇도 갖고 있습니다."

이어 그는 "당신이 과학, 기술, 엔지니어링, 수학 분야에서 커리어를 쌓고 싶다면 포스가 함께하길 바랍니다("May the force be with you"라는 '스타워즈'의 명대사를 패러디한 것이다)! 기억하세요, 데스 스타의 힘은 행성이나 항성계 전체를 파괴할 정도지만, 포스의 힘 앞에서는 무력합니다." 영화의 내용에 빗대어 재치 있는 답변으로 마무리했습니다. 이렇게 위트 있는 답변은 자발적으로 확산되었습니다. 실제로 이 기자회견은 미국에는 물론 전 세계로 퍼져나가 기사화되었습니다.

오바마 정부는 '위더피플' 사이트를 왜 만들었을까요? 국민의 어떠한 의견에도 귀 기울이는 정부라는 것을 세상에 알리고 싶었을 것입니다. 그 관점에서라면 이 데스 스타 건설 청원 에피소드는 대단히 성공한 사례입니다. 앞서 논의했던 웹 2.0에 기반한 소셜미디어의 정의가 적용되죠. 누구나 참여할 수 있고, 누구에게나 개방되어 있으며, 누구나 공유할 수 있고, 누구와도 협업할 수 있는 미디어, 즉 '위더피플'은 소셜미디어입니다. 그리고 이 에피소드가 확산된 구조를 보면 소셜 웹 커뮤니케이션의 성공적인 모델입니다. '위더피플'은 오바마 대통령이 국민의 참여와 협업을 통해 국민의 의견을 국정에 반영하고자 만든 '크라우드 소싱(대중crowd과 아웃소싱outsourcing의 합성어로, 기업이나 단체 활동에 대중을 참여시키는 것)'의 전형적인 서비스 모델입니다.

웹 2.0 기본정신 다시 보기

"왜 우리 블로그 콘텐츠의 조회 수는 오르지 않는 거야?", "왜 우리 SNS는 팬, 팔로워가 늘지 않지?" 지난 10년간 대부분의 국내 기업은 블로그, 트위터, 페이스북 계정을 운영하면서 엉뚱한 고민만 했습니다.

그러나 국내 기업에도 소셜 마케팅의 성공 사례는 있습니다. 멀티플렉스 영화관 CGV의 모바일 앱에는 '무비핫딜'이라는 서비스가 있습니다. 개봉 전 영화 상영이 가능한 CGV 극장 리스트와 함께 상영 가능한 목표 신청 인원 수를 공개합니다. 할인된 특별가와 함께 말입니다. 참여한 고객들은 자신이 선택한 지역의 상영관에서 영화가 상영될 수 있도록 지인들에게 홍보하거나 SNS를 통해 참여를 독려합니다. 즉, '무비핫딜'은 관객 수가 목표 인원을 넘으면 영화 상영이 확정되는 식으로 관객들이 직접 영화의 상영을 결정하는 새로운 관람 형태입니다.

오바마 정부의 '위더피플'과 마찬가지로 CGV '무비핫딜'은 누구나 참여할 수 있고 누구에게나 개방되어 있으며, 누구나 공유할 수 있고 누구와도 협업할 수 있습니다. 그리고 CGV의 업業과도 실질적으로 연결됩니다. 관객들은 영화를 상대적으로 저렴한 가격에 볼 수 있고, CGV는 한가한 시간에 관객을 극장으로 불러 모을 수 있으며, 영화배급사는 개봉 전 영화에 대한 관심을 유도하고 관객들을 활용해 입소문을 기대할 수 있으니까요.

사실 '무비핫딜' 서비스 이전부터 CGV는 TOD Theater On Demand 라

는 서비스로 고객의 참여를 유도하는 방법을 시도했습니다. CGV의 예술영화 전용관 '아트하우스'에서 상영 가능한 영화들의 목록을 제공하면 고객은 보고 싶은 영화를 원하는 시간과 장소에서 보기 위해 자발적으로 소문을 냅니다. 목표 인원이 채워진 영화는 상영이 확정되고 참여한 고객들은 원하는 시간과 장소에서 원하는 영화를 관람할 수 있습니다. 할인된 특별가로요.

CGV의 '무비핫딜'과 TOD 서비스가 소셜미디어 마케팅인지 아닌지 헷갈리신다고요? 왜냐하면 블로그나 페이스북이 아닌 CGV 모바일 앱과 '아트하우스' 웹사이트에서 진행되었으니까요. 그러나 두 서비스 모두 웹 2.0의 기본정신을 기반으로 하기 때문에 당연히 소셜미디어 마케팅입니다. 기업의 업에 고객의 참여를 반영하고 고객과 협업한 좋은 사례로 볼 수 있습니다.

"우리 기업도 소셜미디어 마케팅을 하고 싶은데 어떤 채널을 개설하면 될까요? 최근 유행하는 인스타그램과 유튜브를 개설해볼까요?" 요즘 많은 기업의 마케터들이 제게 다짜고짜 질문을 던집니다. 기업의 채널 운영 자체가 문제라고 말하는 것이 아닙니다. 국내 기업들의 소셜미디어 마케팅이 블로그, 트위터, 페이스북 등 대표적인 소셜미디어 채널 운영에 한정되고 있음을 지적하는 것입니다. 소셜미디어 채널 마케팅을 할 때 제일 먼저 고민해야 할 부분은 웹 2.0의 기본정신과 기업의 업의 본질과 연결해 고객의 관심과 참여를 이끌어내려는 것이어야 합니다. 그런데 소셜미디어 마케팅의 숲을 보지 못하고 나무에만 몰입하니 부작용이 생기죠. 지금이라도 바로잡아야 합니다.

진정한 소셜미디어 마케팅이란 기업과 고객이 서로 소통하고 협업해 새로운 지향점으로 나아가는 데 그 의의가 있지 않을까요? 그런 의미에서 여러분이 그동안 해온 소셜미디어 마케팅을 되돌아볼 필요가 있습니다. 특히 블로그, 페이스북 등 채널을 운영한 결과로 섣불리 평가하지 말아야 한다는 점을 염두에 둡시다.

새로운 기술에
현혹되다

"내 차에 구멍이?"

국내 자동차 기업이 신차 출시를 앞두고 전국 주요 거점의 주차장에서 대형 이벤트를 실시했습니다. 당시 신차의 세일즈 포인트는 안전성 향상을 위해 초고장력 강판을 53% 적용한 것이었습니다.

이 점을 사람들에게 알리기 위해 주차된 차량들에 광고 쿠폰을 한 장씩 붙였습니다. 그 쿠폰은 마치 구멍이 뚫린 것처럼 보이는 필름 형태였는데, 이 필름에 있는 쿠폰을 가지고 대리점을 방문하면 허브티 세트를 증정하는 이벤트였습니다.

이벤트 대상자들은 주차했던 자기 차를 찾아왔다가 쿠폰을 보고 마치 자신의 차에 구멍이 난 것 같은 착시를 경험합니다. 이 홍보 필름은 가까이서 살펴보면 홍보 필름인 것을 알 수 있고, 탈부착이 매우 쉬워 제거 후 흔적이 전혀 남지 않습니다. 당시 저는 이 이벤트에 대해 분석하고 코멘트해야 했습니다. 여러분이 저였다면 어떻게 평가하겠습니까?

만약 여러분이 자신의 차를 주차했다고 가정해봅시다. 잠시 자리를 비운 사이에 누군가 여러분의 차에 스티커를 붙여놓았다면 기분이 어떨까요? 당연히 좋지 않을 것입니다. 아무리 그 스티커가 흔적 없이 잘 떨어진다 해도 말이죠. 자동차를 연구하고 만드는 기업이 고객들의 마음을 이렇게도 모를 수 있을까요? 추측하건대 차에 구멍이 난 것 같은 스티커로 고객에게 장난을 걸고 주목을 끌 수 있을 거란 믿음이 고객의 일반적인 성질이나 심리를 뛰어넘을 수 있다고 생각한 것 같습니다.

자동차 기업 외에도 잘못된 마케팅 사례는 얼마든지 찾아볼 수 있습니다. 모 주류회사는 증강현실 기술을 활용한 술자리 게임 앱을 출시했습니다. 앱을 다운로드 받은 상태에서 술병에 있는 라벨을 촬영하면 전속 모델이 게임 호스트로 등장해서 다양한 술자리 게임을 설명합니다. 고객들은 게임 호스트의 지시에 따라 게임과 벌칙을 가상으로 즐기면서 술자리를 한층 더 흥겹게 보낼 수 있죠. 게임뿐만 아니라 당시 젊은 세대에게 인기 있는 그룹의 버스킹 공연도 앱을 통해 즐길 수 있었답니다.

이 사례는 어떤가요? 술자리에서 이 기업의 술을 주문하고 앱을 다운 받아 술병의 라벨을 찍어 술 게임을 즐겨보고 싶은가요? 아니면 증강현실로 인기 그룹의 버스킹을 즐기고 싶은가요? 한두 번은 재미 삼아 시도해볼 수 있을 겁니다. 문제는 이 주류 업체가 사람들이 술자리에서 무엇을 마실까 고민하는 순위 밖에 있는 브랜드라는 점입니다. 술자리에서 친구들과 함께 술 게임을 즐기기 위해 잘 안 고르던 술을 주문하고, 앱을 다운 받고, 라벨을 찍는 여러 가지 장벽들을 고객들이 쉽게 넘을 수 있을까요? 금요일 밤에 번화가로 나가 북적거리는 주점에서 술 마시는 사람들을 조금만 살펴봐도 이런 장벽을 넘기 어렵다는 것을 눈치챌 수 있죠.

고객 경험이 뒷전

디지털 시대에 새로운 기술이 많이 등장하고 있습니다. 마케터라면 기술의 발전을 하나하나 살펴보는 것은 당연한 일입니다. 다만 새로운 기술을 살펴볼 때 기술의 내용만 보지 말고 이 기술이 고객에게 제공할 수 있는 가치에 주목해야 합니다. 신기술에 현혹되어 고객의 속성을 잊거나 무시한 채 섣부르게 기술을 적용할 때가 많습니다. 고객의 참여를 이끄는 캠페인을 할 때도 새로운 기술을 선보이는 새로운 놀이를 제안하기보다 고객들이 즐기는 놀이에 새로운 기술을 접목해 새로운 가치를 제안해야 성공할 확률이 높아집니다.

물론 기업이 새로운 기술을 빠르게 받아들인다는 것을 알리기 위해서 일부러 서두르는 경우도 있습니다. 쉽게 말해서 '주류 기업 최초 증강현실 기술을 적용했다.'는 타이틀을 얻기 위해 비용을 들여 경쟁사들보다 먼저 서두른 것이죠. 하지만 이 '최초'가 고객과의 소통에 '적극적'이라는 것과 같지 않음을 알아야 합니다. 공사현장에서 종종 볼 수 있는 "조금 늦더라도 제대로 고치겠습니다."라는 카피처럼 조금 더디더라도 제대로 기술을 적용해 가치를 제공하는 것이 지속가능한 서비스의 기본입니다.

"우리는 고객 경험에서부터 시작해서 테크놀로지로 가야 한다. 거꾸로 해서는 안 된다." 스티브 잡스가 남긴 말입니다. 새로운 기술이 고객들에게 어떠한 가치를 제공할 수 있는지에 주목해야 합니다. 항상 고객을 중심으로 생각하는 것이 마케터의 일이니까요.

잘못된 성과지표에 목매다

기업들 사이에서 소셜미디어 마케팅의 가시적인 ROI(Return on Investment, 투자자본수익률)를 두고 불거진 의문들은 의심과 불신이 되어가고 있습니다. '소셜미디어 마케팅 무용론'이나 탈 소셜미디어 현상이 그 대표적인 결과겠지요.

소셜미디어 마케팅의 집행 예산도 줄고 실제 프로젝트나 캠페인도 많이 축소되는 상황입니다. 물론 소셜미디어 마케팅이 이전처럼 주목받는 상황은 아니라고 치더라도 이전과 다르게 많은 부분에서 활동이 위축되었습니다.

"소셜미디어 마케팅은 정말 효과가 없는 것인가?" 이 문제를 논하기 전에 먼저 다른 질문을 해보죠. 전 세계적으로 대중들의 인기를 끌고 있는 그룹 방탄소년단을 키워낸 방시혁 대표는 미국 대중잡지 〈버라이어티Variety〉와의 인터뷰에서 이렇게 말했습니다. "결과나 성과보다 우리가 '무엇을', '왜' 하고 있는지 등에 대해 논의한다. 이것은 빅히트의 기업 미션에 반영돼 있다." 우리도 소셜미디어 마케팅의 성과를 논의하기 전에 우리가 지금 무엇을, 왜 하는지에 대해 먼저 생각해볼 필요가 있습니다.

효과 분석 전에 놓치고 있는 것들

"소셜미디어 마케팅의 목적은 무엇이었습니까? 어떠한 기준과 목적으로 효과가 있고 없음을 판단했나요?" 보통은 이 질문에 구체적으로 답하지 못하거나 "고객과의 소통이요!", "진정성 있는 쌍방향 대화를 위해서요." 등 뜬구름 잡는 답변이 소셜미디어 마케팅의 목표라고 말합니다. 또는 블로그나 페이스북을 운영하는 것 자체가 목표인 경우도 있습니다. 이런 상황이라면 올바른 효과 측정을 기대하는 것은 무리입니다. 효과를 따지기보다 기업들이 먼저 살펴봐야 할 것은 소셜미디어 마케팅의 '목적'과 '목표'입니다. 목표를 어떻게 설정하느냐에 따라 효과를 평가할 수 있기 때문이죠.

소셜미디어 마케팅을 시작할 때 구체적 목표와 성과지표들을 결정하는 것은 중요한 일입니다. 그저 '고객과의 소통'을 목표로 한다면 여러 가지 오해를 낳을 확률이 높습니다. 소셜미디어 마케팅의 목표를 연간, 월간, 가능하다면 주간 단위로 구체적으로 설정해보세요. 예를 들면 이렇게 말입니다. "올해는 온라인 상의 매체 점유율Share of Voice을 10% 높이겠다. 그러기 위해 매월 하나의 제품 키워드로 콘텐츠를 발행하는 데 집중하고, 노출 및 확산을 2만 건 이상 달성하겠다. 따라서 매주 5,000건 이상의 콘텐츠 노출을 위해 5개 이상의 콘텐츠를 제작하겠다."

이때 주의할 점은 성과지표를 방문자 수, 팬 수 등 뻔한 기준으로 잡지 말아야 한다는 것입니다. 많은 기업이 KPI로 양적인 성장 지수를 선정한 탓에 주말마다 '이번주 볼 만한 연극 BEST 3'와 같은 업과는 거리가 먼 콘텐츠 제작에 몰입했습니다. 방문자 수를 늘리기 위해 콘텐츠를 제작하고 발행하는 상황으로 치닫는 경우가 많았습니다.

어도비Adobe 사는 소셜미디어 마케팅 활동의 성과지표를 비즈니스의 목적에 맞춰 정리했습니다. 소셜미디어 마케팅의 목적을 '인지도 향상', '고객 참여', '고객 정보 수집', '고객 요구 분석', '고객 지원', '입소문', '지지도 향상', '고객의 아이디어 수집'의 8가지로 분류하고 각 목적에 맞는 성과지표를 5개씩 연결했습니다.

예를 들면 소셜미디어 마케팅 캠페인의 목적이 '브랜드의 인지도 향상'인 경우 대화의 양, 소셜 웹에서 언급의 점유율, 감정(긍부정), 참여율, 커뮤니티 증가율의 5가지 성과지표로 나누어 측정하고, '고객 참여'가

목적일 때는 리트윗, 댓글, 메시지, 해시태그, 공유와 같이 5가지의 성과지표를 적용합니다. 이렇게 여러분의 기업과 상황에 따라 자신들만의 기준을 가지고 평가하려는 노력이 필요합니다.

단계별로 목표를 설정하는 것도 중요합니다. 페이스북, 트위터, 인스타그램, 유튜브 채널을 운영하기 위해서는 초기에 팬, 팔로워, 구독자와의 연결이 필요합니다. 그래서 개설 초기에는 팬, 팔로워, 구독자 수의 목표를 설정하고 이벤트나 다양한 고객 확보 전략을 실행해야 합니다. 중요한 건 그다음입니다. 설정된 초기 목표를 달성한 시점에는 목표를 어떻게 바꾸어야 할까요? 그들과의 관계를 강화하고 활용하는 방향으로 재설정하거나 추가해야 할 것입니다.

실제 기업들은 어떻게 진행했나요? 대부분 초기에 설정한 팬, 팔로워, 구독자 수를 달성하고 나면 경쟁사가 보유한 수보다 더 많은 수로 목표를 상향 조정하거나 추가 확보를 위해 기간별 목표만을 계속 수정했습니다. 그러다 보니 많은 팬, 팔로워, 구독자를 확보했음에도 그들과 관계를 깊게 맺는다거나 그들을 활용하지는 못했습니다. 단계별로 목표를 분명히 설정하는 것은 나아갈 방향성을 잃지 않는 방법 중 하나입니다. 지금부터라도 소셜미디어 마케팅을 하는 방향성을 바로잡고, 매체별, 기간별, 단계별로 측정 가능한 구체적인 목표를 설정해야 합니다. 그리고 또 하나, 소셜미디어가 가진 특수성을 고려해야 합니다.

소셜 웹만의 특성을 반영

온라인쇼핑몰 펀샵(www.funshop.co.kr)이 창사 12주년을 맞이했을 때입니다. 대부분의 기업은 "생일을 맞아 고객 분들께 선물을 드립니다."라는 식의 이벤트를 벌입니다. 펀샵은 이러한 관행을 거부하고 소셜스러운(?) 이벤트를 진행했습니다. 바로 '펀샵의 12살 생일을 축하해주세요!'라는 이벤트입니다.

여러분은 생일에 선물을 나눠주나요? 생일을 맞이한 사람이 선물을 받는 것이 자연스러운 일입니다. 마찬가지로 기업이 생일을 맞이했다면 선물을 나누어주는 것이 아니라 선물을 받는 것이 더 자연스럽다는 생각에서 시작했습니다. "12살 생일을 맞이한 펀샵에 선물을 주세요!"가 구체적인 내용이었습니다. 소셜미디어가 사람들이 살아가면서 관계를 만들어가는 과정을 온라인화한 것이라면 이 이벤트는 더할 나위 없이 당연한 이벤트입니다. 그런데 과연 얼마나 많은 사람이 펀샵을 위해 선물을 예쁘게 포장하고 등기나 택배로 보내는 귀찮은 과정을 거쳤을까요?

29명의 고객이 펀샵에 선물을 보내왔습니다. 펀샵은 이벤트 결과를 공개하는 페이지에서 29명의 고객이 보내온 선물을 하나하나 정성스럽게 소개하는 재치 있는 콘텐츠를 만들어 공개했습니다. "지금 보내도 될까요?", "저도 보내고 싶어요." 댓글에서 반응이 일기 시작하고 결국 이 이벤트는 유명해져 많은 사람에게 회자되었습니다.

기업의 일반적인 이벤트 기준으로 결과를 본다면 너무나 적은 참가자 수이기에 이벤트 효과가 없었다고 평가할 것입니다. 과연 이 이벤트는 실패했을까요? 참가한 29명의 이야기는 소셜 웹에 퍼져나가 이벤트 페이지에 많은 사람이 방문했습니다. 펀샵을 알고 있는 고객들뿐만 아니라 처음 알게 된 사람들까지 유입했죠. 소셜 웹이라는 고객들의 새로운 놀이터에서 단 29명의 참가자로 290명이 참가한 이벤트 참가자보다 더 큰 효과를 거두었습니다.

이제까지 다른 기업이 진행했던 방식을 그대로 따르거나, 이벤트에 참가자 수가 얼마나 되는지만을 계속 따진다면 이런 효과를 거두리라 기대하기는 힘듭니다. 소셜미디어 마케팅의 효과를 논하기 전에 소셜미디어의 특성을 고려한 목표와 성과지표를 설정해야 합니다. 목표가 바로 서야 실행도 바로 서고, 성과도 얻을 수 있습니다.

떠나는 것만이
묘수는 아니다!

기업들은 이미 많은 소셜미디어 채널들을 보유하고 있습니다. 탈소셜미디어 시대에 기업이 가지고 있던 채널들을 어떻게 해야 할까요? 기존 채널들을 무작정 접을 수 없어 고민됩니다. 소셜미디어 채널을 접기보다는 지금 상태에서 효과를 낼 수 있는 방법들을 먼저 찾아보아야 합니다.

가령 고객의 아이디어를 공모하는 캠페인을 진행한다고 가정해봅시다. 기업의 웹사이트 또는 마이크로사이트(대형 웹사이트에 연결된 소형 웹사이트)에 캠페인 메시지를 올려 고객의 참여를 독려해야겠죠. 이때 기업이 보유하고 있는 각종 소셜미디어 채널들이 활용됩니다.

블로그에는 캠페인 이미지와 참여 링크를 포스팅하고, 페이스북에는 캠페인 소개 링크를 카드뉴스 형태로 정리해서 포스팅하고, 트위터에는 140자에 맞춰 캠페인 소개와 단축링크를 트윗해 메시지를 확산하고자 할 것입니다. 우리가 그동안 귀에 못이 박히도록 들어왔던 원소스 멀티유스 관점에서 채널들을 활용한 것이죠. 이는 고객이 접할 수 있는 모든 접점을 360도로 에워싸고 캠페인을 홍보해 '360도 마케팅'이라고도 합니다.

효과는 어떨까요? 고객들은 채널마다 동일한, 마치 광고 같은 메시지를 보면서 어떤 느낌을 받을까요? 방법을 좀 바꿔보겠습니다. 홍보 담당자나 마케터가 소셜 웹이 등장하기 이전에 해왔던 방식으로요. 고객들에게 전달해야 할 메시지가 결정되면 메시지 성격이나, 매체의 특징을 고려해서 채널을 선택하거나 메시지의 전달 방식을 결정했습니다. 이 방식을 적용하려면 일단 각 소셜미디어 매체의 특성을 잘 알고 있어야 합니다.

매체의 특성에 최적화한 활용

블로그는 어떤 특징과 장점이 있나요? 블로그는 '장문의 스토리텔링'이 가능합니다. 그리고 검색엔진에 친화적이어서 발행된 포스트의 내용이 검색엔진에 노출될 가능성이 크죠. 블로그Blog의 어원인 웹로그Weblog, 즉 웹Web의 일지Log란 의미에서 정보가 날짜순으로 쌓이는 특징이 있습니다. 소셜미디어 채널에서 고객의 아이디어를 공모하는 캠페인을 홍보한다고 가정해보겠습니다. 블로그의 특징을 활용하면 전날 등록된 고객의 아이디어 중에서 창의적인 아이디어를 골라(큐레이션) 참여 링크와 함께 포스트로 매일 발행할 수 있습니다.

트위터는 '실시간'의 속성을 가진 매체입니다. 그래서 트위터를 '실시간 텍스트 라디오'라고 불렀죠. 이 속성을 활용하면 매번 새로운 고객의 아이디어가 등록될 때마다 실시간으로 등록된 아이디어를 소개하는 문구와 링크의 트윗을 발행할 수 있습니다. 페이스북이 가진 '관계'의 속성을 활용해 고객의 페친(페이스북 친구)들의 아이디어를 모아 공개하고 참여를 유도할 수 있습니다.

각 채널의 특성을 고려해 최적화한 콘텐츠를 전달하지만 전체적인 관점에서 보면 하나의 메시지, 즉 "캠페인에 참여하세요."를 일관적으로 이야기하고 있습니다. '트랜스미디어 스토리텔링Transmedia Storytelling'을 활용한 방식입니다. 이 방식을 활용하면 캠페인 기간 내에 지속적인 홍보 지원이 가능하며, 각 매체에 최적화한 콘텐츠를 제공하여 고객의 반감을 줄이고 관심을 이끌 수 있습니다.

기업들이 소셜미디어 채널 '운영'에서 벗어나 '활용'의 단계로 나아가기 위해서는 채널의 특성에 맞게 기존의 채널들을 역할 분담해야 합니다. 채널의 역할은 트렌드를 고려해서 기업의 필요에 따라 지속적으로 수정 보완하는 것이 좋습니다. 기존의 관념을 벗어나는 새로운 관점을 적용하는 것도 필요합니다.

소셜 마케팅 활용의 정석: 채널 운영에서 활용으로

최근 기업들의 블로그를 살펴보면 고객과의 감성적 소통 채널에서 벗어나려는 경향이 있습니다. 삼성전자의 '삼성전자 뉴스룸'[9], 현대자동차그룹의 'HMG 저널'[10], SK그룹의 'media SK'[11] 등을 보면 브랜드 저널리즘(브랜드와 저널리즘의 합성어로 전통의 저널리즘 관점에서 브랜드를 관리하는 전략)에 입각해 기업의 블로그들이 공식 미디어로 변화하고 있습니다. 콘텐츠도 업을 중심으로 한 전문적인 내용으로 발행하고 있죠. 이전에 맛집, 여행, 문화정보 등을 제공하며 고객에게 다가가려 했던 블로그에서 이제는 기업의 뉴스와 정보를 전달하는 실질적인 공식 매체로서 역할이 분명해지고 있는 것입니다.

기존의 오프라인 매거진이 블로그 형식으로 온라인화되는 사례도 눈여겨보길 바랍니다. '롯데호텔 매거진'[12]은 롯데호텔이 소재한 도시와 관련된 문화 및 여행 관련 콘텐츠를 고객들에게 제공하는 디지털 매거진으로 블로그와 웹사이트의 중간 형식을 취하고 있습니다. 신세계건설의 '빌리브'[13]는 마찬가지로 좋은 집과 좋은 삶에 대한 다양한 콘텐츠를 제공하는 라이프스타일 매거진입니다. 높낮이 차가 심한 주택지 일대를 재개발한 롯본기힐즈를 만들어 성공한 일본 모리빌딩주식회사의 데일리 매거진 〈HILLS LIFE〉[14]는 전문편집국이 제작하는 온·오프라인 잡지입니다.

예전에도 기업의 웹진을 블로그화한 적은 있었지만 최근에 등장하는 매거진은 좀 더 전문적인 콘텐츠를 만들어 타깃 고객의 취향에 맞춘 정보를 제공하고 있습니다. 기업의 블로그는 콘텐츠를 기획, 제작, 배포, 확산했던 전통의 저널리즘을 벤치마킹하는 수준의 운영으로 변하고 있습니다. 이제 모든 기업이 미디어 기업으로 진화하고 있습니다.

이에 따라 기업 블로그와 기존의 웹사이트가 역할이 비슷해지고 있습니다. 중복을 피하기 위해 블로그를 매거진으로 전환하는 방법도 있지만 새로운 '소셜 웹사이트'로 구성하는 방법도 있습니다. 소셜 웹사이트는 기존 웹사이트가 가지고 있는 특성과 소셜미디어가 가지는 장점을 효과적으로 활용한 새로운 개념의 사이트를 지칭합니다. 이전의 소셜 허브 채널처럼 단순하게 콘텐츠를 연결하는 것이 아니라 고객과 업을 중심으로 한 연결을 지향한다는 차이가 있죠.

한국토익위원회는 자사 웹사이트 내에 유익한 정보가 많은데 방문자 수가 늘지 않는다는 고민이 있었습니다. 이 문제를 해결하고자 블로그를 활용해 소셜 웹사이트를 구축했습니다. 웹사이트의 디자인과 톤앤매너tone and manner를 블로그에도 동일하게 적용했죠. 그리고 검색엔진에 노출된 블로그 콘텐츠를 본 고객들이 자연스럽게 웹사이트를 방문하도록 설계했습니다. 웹사이트에서 정기적으로 업데이트 되는 메뉴와 고객에게 자주 보여주고 싶은 메뉴로 이끌어 블로그를 업 중심의 콘텐츠로 구성했습니다. 웹사이트와 블로그를 연결한 후에 블로그 방문자의 약 20%가 자연스럽게 웹사이트를 방문했고, 한국 토익위원

회의 다양한 정보들이 블로그를 통해 타깃 고객들에게 확산되는 결과를 얻었습니다.

소셜미디어 채널의 기능에 따라 역할을 부여해 활용하는 방법 외에도 고객의 구매 결정 여정에 맞게 채널을 분배하는 것도 좋은 방법입니다. 현재 보유하고 있는 각 채널의 역할을 구매 결정 여정에 배치해보고 전체적인 역할을 재설정하는 작업이 필요합니다.

예를 들면 인스타그램은 발견 단계에서 제품 이미지, 연출샷을 노출하는 디지털 쇼룸이 주된 역할이 되겠습니다. 또 다른 예로 고객은 구매하기 전에 블로그 검색을 통해 제품 상세정보, 이벤트 정보, 구입 정보 등을 얻어 구매 확신을 얻을 수 있고, 구매 후에는 제품 활용정보, 제품의 특장점 정보를 마찬가지로 검색을 통해 얻어내 구매에 대해 만족감을 느낍니다. 다시 말해 블로그는 고객에게 적절한 시점에 필요한 정보를 제공하여 만족을 이끌어내는 역할을 수행해야 합니다. 이러한 과정을 거쳐 활용 단계에서 크게 쓰임이 없거나 역할이 유사한 채널은 통폐합을 생각해보세요. 구색 맞추듯 새로운 소셜미디어 채널들을 구비하는 것보다 선택과 집중이 필요합니다.

버려야 할 것과 취해야 할 것

지금까지 소셜미디어 마케팅의 역사를 복기하면서 문제점들을 살펴봤습니다. 세계적으로 거론되는 탈 소셜미디어 현상을 제대로 해석해야 합니다. 기업들이 소셜미디어 마케팅 전반을 포기한 것이 아니라 소셜미디어 마케팅을 하는 방법 중에서 '소셜미디어의 채널 운영'을 버리는 상황을 말합니다. 대부분의 국내 기업들이 소셜미디어 채널 운영을 소셜미디어 마케팅의 전부라 착각하다 보니 소셜 마케팅을 떠나야 하는 시점이라고 생각하는 것이죠. 이제는 비즈니스 목적에 따라 소셜미디어 채널을 적극적으로 활용하거나 웹 2.0의 기본정신에 기반해 다양한 소셜미디어 마케팅을 시도해야 할 때입니다.

탈 소셜미디어의 시대에 기존의 채널들을 무조건 폐쇄하는 것만이 답은 아닙니다. 소셜미디어 마케팅의 목표를 구체적이고 단계적으로 설정하고, 이에 합당한 성과지표를 만들어 바른 방향으로 일관되게 이끌어야 합니다. 여기에 소셜 웹의 특수성에 대한 이해와 고객들의 놀이가 접목되면 마케팅 효과가 커질 수 있습니다. 매체가 가지고 있는 특성과 변화하는 상황을 고려해 고객 커뮤니케이션에 활용할 수 있는 방법을 찾는 것이 중요합니다. 그리고 나서 각 채널이 목표를 수행할 수 있는 채널인지 판단한 후에 채널을 폐쇄해도 늦지 않습니다. 새로운 소셜미디어 채널을 개설할 때는 유행에 따라 매체를 선택하지 말고, 기업의 메시지를 고객들에게 효과적으로 전달할 수 있는 매체적 특성을 확인해야 합니다.

1장에서 여러분의 기업이 갖고 있는 소셜미디어 채널의 운명을 결정 지었다면 무언가는 남고 무언가는 정리됐을 것입니다. 2장에서 그 채널들을 활용해 고객들에게 한 걸음 더 다가가는 다양한 마케팅 방법을 살펴보도록 하겠습니다.

2장
제대로 '놀 판'을 깔다

:
고객에게 접근하는 새로운
방식들

"다른 기업들이 하니까."

"유튜브가 요즘 대세라니까."

트렌드에 휩쓸려 새로운 채널을 개설하거나 갈아탄다면

트위터, 핀터레스트의 전철을 밟게 될 것입니다.

"이 채널이 우리 기업의 메시지를 전달할 수 있을까?"를

우선적으로 고민해야 합니다.

또다시 갈아타려고
준비했다면

동영상 콘텐츠가 주된 시대입니다. 무제한 데이터를 기본으로 한 모바일 환경, 시청각을 모두 활용하는 우수한 전달력 덕분에 달리는 지하철에서든 탁 트인 공원에서든 동영상 콘텐츠를 즐길 수 있는 세상이죠.

소비자 데이터 전문기업 오픈서베이의 조사에 따르면 모바일 동영상을 이용할 때 가장 많이 사용하는 플랫폼은 유튜브였습니다. 또한 동일 조사기관의 〈소셜미디어와 검색포털에 관한 리포트 2018〉에 따르면 유튜브는 소셜미디어 중에 가장 많이 활용하는 채널이라고 합니다. 그래서 유튜브를 '갓god튜브'라고 부르기도 하죠.

사용하는 사람들이 늘어나니 기업들이 관심을 갖는 것은 당연지사입니다. 앞다투어 기업들이 유튜브 채널 운영에 뛰어들기 시작했습니다. 기업들은 한마디로 그들의 기업과 제품, 서비스와 관련한 동영상을 제작하고 유튜브에 확산하는 데 초집중하고 있습니다. 심지어 기존의 기업 블로그와 페이스북 페이지를 폐쇄하고 유튜브에 올인하는 기업도 있습니다. 기업들이 블로그에서 트위터로, 트위터에서 페이스북으로 채널만 열심히 갈아타서 결국 '소셜미디어 마케팅 무용론'을 등장하게 만든 지난 과오를 반복하는 것은 아닐까요? 지금부터 성공적인 유튜브, 동영상 마케팅을 위해 기업들이 고민해봐야 할 몇 가지를 살펴보겠습니다.

유튜브 채널이 메시지를 효과적으로 전달할까

요즘 고객들이 온라인에서 제품정보를 얻는 방법은 크게 3가지입니다. 먼저 고객이 스스로 '검색'하는 경우입니다. 이에 대응할 수 있는 미디어는 블로그, 웹사이트가 대표적이죠. 두 번째로 제품이 자연스럽게 '노출'되는 경우입니다. 페이스북, 인스타그램의 뉴스피드에서 발견되는 경우입니다. 마지막으로 '구독'하는 방법입니다. 페이스북, 인스타그램 등의 기업 계정 또는 뉴스레터를 구독하는 경우입니다. 유튜브는 검색, 노출, 구독 3가지가 모두 대응되는 채널입니다. 기업들이 욕심을 내는 것은 당연합니다.

하지만 유튜브는 기업의 디지털 커뮤니케이션 채널로 이제 막 시험대에 올랐다고 보아야 합니다. 엄밀히 말하면 아직 기업이 유튜브 채널을 활용해 성공한 사례와 지속적인 채널 운영의 효과를 만족스럽게 보여주지 못했습니다. 지금 당장 유튜브 채널을 개설해야겠다고 조바심이 나 있다면 다른 기업들이 이미 다양한 시도를 하고 있으니 더 지켜보고 활용하는 것이 좋겠습니다. 무턱대고 서둘러 뛰어들기 전에 신중하게 고민하고 시작하시기 바랍니다.

여러분의 기업에 유튜브가 진정으로 적합한 플랫폼인지 생각해보세요. 해외에서 폭발적으로 사용자가 늘고 있다는 것, 그리고 해외의 많은 기업이 마케팅에 성공했다는 사례들을 참조하는 정도여야지, 그대로 따라 해서는 안 됩니다. 각 채널이 가지고 있는 고유한 특성이 기업의 업과 부합하는지를 체크해야 합니다.

기업들이 트위터의 속성을 무시하고 무작정 계정을 개설했다가 무용지물로 만든 지난 날들을 떠올려보세요. 이미지 중심의 플리커, 핀터레스트 같은 서비스도 국내 기업들의 디지털 커뮤니케이션 매체로 안착하지 못했습니다. "다른 기업들이 하니까.", "유튜브가 요즘 대세라니까." 등의 말에 떠밀려 시작하면 트위터와 핀터레스트 등의 전철을 밟게 될 것입니다. "유튜브가 우리 기업의 메시지를 전달할 수 있을까?"를 우선적으로 고민해야 합니다.

동영상 콘텐츠를 제대로 활용하려면…

유튜브 채널을 개설하기로 결심했다면 앞서 언급했듯이 목표를 설정해야 합니다. 목표가 뚜렷해야 KPI를 설정할 수 있고 또 효과 측정도 가능합니다. 많은 기업이 유튜브를 기업의 영상을 쌓아두는 아카이브로 활용하고 있습니다. 그러다 보니 초기 목표를 '구독자 수 확보'에 두는 경우가 대부분입니다. 물론 채널을 안정적으로 운영하려면 구독자 수가 중요합니다. 그러나 구독자 수만 강조하다 보면 또다시 이전처럼 팬, 팔로우 확보에만 몰입해서 이벤트나 광고 효과에 기대게 되죠.

구독자 수, 조회 수, 조회 시간 이외에도 콘텐츠 개수라는 불안한 목표를 가지고 유튜브를 운영하는 경우도 많습니다. 주로 대행사에 운영을 위탁하면 이런 목표치가 생깁니다. 콘텐츠의 업로드 주기와 빈도는 신경 써야 하지만 콘텐츠의 개수를 정하고 이에 따라 채널을 관리한다면 위험할 수 있습니다. 콘텐츠의 질과 내용과는 상관없이 목표 개수에만 맞추는 경우가 발생할 수 있으니까요. 고객들이 기업의 광고성 콘텐츠에 질려 페이스북을 떠나는 상황을 반복할 수 있습니다.

기업이 기존에 해왔고 잘할 수 있는 부분부터 살펴보죠. 유튜브의 '프리롤pre-roll 광고'와 '중간 광고'를 짚고 넘어가야 합니다. 프리롤 광고는 본 영상 앞에 나오는 5초 광고로, 소비자의 시선을 붙잡으려면 무조건 재미있어야 합니다. 미국의 보험회사 가이코Geico는 광고를 스킵할 수 없도록 5초 안에 광고의 메시지를 모두 전달합니다.[1] 그리고 5초

후에도 광고 속 배우들은 가만히 있지만 주변에 개나 청소기 같은 사물들이 계속 움직이죠. 시청자들은 광고가 어떻게 전개될지 궁금해서 계속 보게 됩니다. 이 캠페인은 언론들의 주목을 받고 소비자 사이에서 화제가 되었습니다. 2015년 칸국제광고제 FLIM 부문 그랑프리를 수상했습니다.

가이코 프리롤 광고

두 번째로 중간 광고를 만들 때는 갑작스러운 광고에 대한 시청자들의 거부감을 어떻게 줄여야 할지 고민해야 합니다. 이케아의 'BAD AD ad'[2] 광고를 보면 드라마를 시청하던 가족이 갑작스레 등장한 광고에 짜증을 내며 하나둘씩 자리에서 일어나 화면 바깥으로 나갑니다. 그리고 나서 거실에 있는 이케아 제품들의 가격 정보를 노출하는데, 누가 봐도 광고 같지만 거부감이 들지 않아 많은 언론과 매체의 주목을 받았습니다. 사람들이 광고를 대하는 태도를 이해하고 받아들여 그것을 새로운 재미로 승화시켜 큰 성공을 거둔 사례입니다.

이케아 중간 광고

영상을 통해 메시지를 전달할 때는 '공급자의 오류'를 조심해야 합니다. 'PlayStation® 리액션 #7. 실제 항공인들의 ACE COMBAT™7편'[3] 영상을 봅시다. 사람들은 영상의 제목을 보고 실제 항공인들의 게임 리액션을 기대하고 보겠죠. 실제로 우리가 기대하는 장면은 영상이 시작하고 무려 3분이 지나야 볼 수 있습니다. 그사이에 너무나 많은 정보를 제공해서 시청자들을 지치게 합니다. 영상을 다룰 때는 항상 사용자의 입장에서 영상을 편집하

플레이스테이션 광고

고 메시지를 전달해야 한다는 것을 잊지 맙시다.

유튜브가 페이스북, 블로그를 대체할 수 있다고 생각하면 오해입니다. 이제 사람들은 취향에 따라 SNS를 선택하고 사용하기 때문에 이전과 같이 주류 SNS를 규정짓는 것이 큰 의미가 없어졌습니다. SNS 채널들은 각각 대체재가 아니라 보완재로서 고객과 채널의 접점을 구성하는 데 사용해야 합니다. 지금까지 확보한 소셜미디어 채널들을 통해 고객에게 일관된 브랜드 체험, 제품 경험을 제공하기 위한 방향으로 마케팅을 진행해야 합니다.

앞서 언급했듯이 고객의 구매 결정 여정에 따라 기업이 가지고 있는 채널과 콘텐츠를 통합적으로 활용할 수 있어야 합니다. 다시 말해 '적합한 콘텐츠Right Content'를 '적합한 고객Right Person'에게 '적합한 타이밍Right Time'에 '적합한 채널Right Channel'을 통해 제공하는 것입니다. 이런 관점에서 지금 꼭 유튜브여야만 한다는 생각은 현명하지 않습니다.

대세 채널이라고 불리는 유튜브를 사례로 기업들이 새로운 소셜미디어를 개설할 때 고민해야 할 점들을 살펴보았습니다. "유튜브 다음은 뭐지?", "인스타그램 다음은 뭐지?"와 같은 고민처럼 트렌드에 휩쓸려 새로운 채널을 선택하거나 갈아탄다는 생각은 이제부터라도 버려야 합니다. 이제 다양한 채널을 자유롭게 사용하고 통합적으로 활용하기 위해 시야를 넓힐 차례입니다. 그런 의미에서 그동안 여러분이 소셜미디어 마케팅에 관해 가졌던 고정관념을 짚어보도록 하겠습니다.

SNS로 놀지 말고
SNS에서 놀자

많은 분들이 인스타그램 계정을 개설해야 인스타그램 마케팅을 시작했다고 생각합니다. 모두 같은 생각으로 유튜브, 페이스북, 트위터, 블로그 등등 채널을 일단 열고 마케팅을 시작했습니다. 하지만 미국 온라인 안경 판매 기업인 와비파커Warby Parker의 사례를 살펴보면 우리의 생각이 잘못됐다는 것을 알 수 있습니다. 인스타그램 계정이 없어도 인스타그램에서 홍보할 수 있다는 것을 보여주었거든요.

웹사이트는 콘텐츠를 모아 배치하고 디자인하여 오픈하면 완료되지만 소셜미디어 계정은 다릅니다. 기본적인 설정과 초기 콘텐츠에 더해 지속적으로 콘텐츠를 게시해야 하는 차이를 이해해야 합니다. 즉,

웹사이트는 오픈하면 끝이지만 소셜미디어 계정은 오픈하고부터 시작입니다.

'SNS로 마케팅'이 아니라 'SNS에서 마케팅'

안경을 오프라인 매장이 아닌 온라인에서 구매한다면 어떤 불편함이 있을까요? 먼저 오프라인 매장에서처럼 마음에 드는 안경을 마음껏 써볼 수 없겠죠. 그리고 착용한 안경이 잘 어울리는지 주변인의 반응을 들을 수도 없고, 전문 안경사의 추천을 받기도 어렵습니다. 크게 이 2가지 불편함이 있겠군요. 와비파커는 이러한 불편함을 없애기 위해 3단계로 구성된 '앳홈트라이온at-home try-on' 모델을 개발했습니다.

5개의 안경테를 홈페이지에서 고르세요.
▾
5일간 배송된 안경을 써보고 1개를 고르세요.
▾
5개의 안경테를 반송하세요.

이 모델은 크게 3단계로 구성되어 있습니다. 첫 번째 단계는 고객이 와비파커 홈페이지(www.warbyparker.com)에 들어가 착용하고 싶은 안경을 최대 다섯 종류까지 고릅니다. 와비파커는 고객들이 선택한 안경들을 그들만의 독특한 배송박스에 담아 고객의 집으로 배송합니다. 두 번째 단계는 고객이 배송된 5가지의 안경 중에서 가장 마음에 드는 안경을 하나 고르고 자신의 시력과 눈 사이 거리 등의 정보를 입력합니다. 마지막으로 배송된 안경들을 고객이 와비파커로 반송합니다. 2주후 고객은 맞춤 제작된 와비파커의 안경을 받을 수 있습니다. 이 3단계를 와비파커의 '앳홈트라이온' 모델이라고 합니다.

이 유통 시스템에서 발생하는 두 차례의 배송, 한 차례의 반송 총 3번에 걸친 물류 비용은 모두 와비파커가 부담합니다. 그러면서도 제품 가격은 일반 매장에서 구입하는 것에 비해 절반 이상 쌉니다. 이제 구미가 당기시나요? 온라인으로 안경을 구매할 때 앞서 언급했던 2가지 불편함 중 마음에 드는 안경을 마음껏 써볼 수 있는 경험을 '앳홈트라이온 모델'로 어느 정도 해결할 수 있습니다. 하지만 두 번째 불편함이 남아 있습니다. 착용 후 주변인의 반응을 못 듣는다거나 다른 제품에 대한 추천을 받을 수 없는 점은 어떻게 해결할 수 있을까요?

와비파커의 앳홈트라이온 모델은 고객들의 안경 착용 인증 후기를 SNS에 업로드 하게 했습니다. 인스타그램, 트위터, 페이스북, 유튜브에 등에 '#WarbyHomeTryOn' 해시태그를 단 인증샷 콘텐츠가 업로드 되면 와비파커의 전담팀이 댓글로 조언을 달아 고객과 대화합니다. 소셜 웹의 특성상 지인들이 인증샷을 보고 착용한 안경이 잘 어울리는지 추천할 수도 있습니다. 마치 매장에 방문했을 때처럼요.

이러한 소셜 웹 커뮤니케이션으로 와비파커를 모르는 사람들도 한 번쯤 관심을 가지고 자연스레 '앳홈트라이온'을 시도해보게 되었습니다. 물론 조언과 추천을 받은 고객들의 구매 전환율도 높아졌겠죠. 이러한 소셜 캠페인 활동을 통해 와비파커는 무료에 가까운 비용으로 고객 주도 바이럴 마케팅을 성공적으로 이끌었습니다. 당시 매출이 약 1억 달러에 불과하던 기업이 이 모델을 통해 미국의 안경 독점 시장을 무너뜨리면서 〈패스트컴퍼니〉가 꼽은 세계에서 가장 혁신적인 기업 1위에 선정되기도 했습니다. 와비파커의 사례처럼 '인스타그램으로'가 아닌 '인스타그램에서' 마케팅을 한다고 생각을 전환해보면 어떨까요?

제가 래시가드 업체와 성수기 시즌을 앞두고 미팅 했을 때의 이야기입니다. 업체는 2~3달 뒤 성수기 시즌을 앞두고 인스타그램 계정을 개설해 시장점유율과 매출을 높이면 어떻겠냐고 물어왔습니다. 인스타그램 계정을 개설하기 원하는 이유가 뭐냐고 묻자, 지금 사람들이 가장 많이 사용하는 소셜미디어 채널이기 때문이라는 답이 돌아왔습니다. 인스타그램 계정을 개설하고 초기 팔로워를 확보하고 안정화하는 데는 시간이 꽤 필요합니다. 이럴 때는 계정을 여는 대신 인스타그램에서 래시가드 인증샷 이벤트를 하는 게 당장의 매출을 극대화하는 데 효과적일 수 있습니다. 소셜미디어 마케팅을 하기 위해 소셜미디어 계정을 만들어야 한다는 생각에서 벗어나봅시다.

버티컬 시대,
공식 계정을 떠나 작은 대화로

저는 건담 프라모델 덕후(일본어 '오타쿠'의 한국식 발음인 '오덕후'의 줄임말)입니다. 특히 초창기 건담인 퍼스트 건담을 좋아합니다. 그런 제가 구하기 힘든 건담 프라모델 하나를 일본의 경매사이트에서 일주일 만에 낙찰받았을 때의 이야기입니다. 몇 주가 걸려 낙찰받은 건담이 도착해 기쁜 마음으로 페이스북에 올렸습니다.

그렇다고 저는 관종('관심 종자'라는 단어의 줄임말로, 유난히 튀는 행동을 하거나 말이 많은 사람)은 아닙니다. 제 페이스북 친구 몇 명이 관심 가져주고 축하해주길 바랐을 뿐입니다. 그런데 이상하게도 제 페친들이 축하는커녕 '좋아요'조차 누르지 않습니다. 조금 뒤에 댓글이 하나 달립니다. "이게 뭐야?"

그리고 결정타가 이어집니다. "너 이거 설마 돈 주고 샀어?" 무너지는 가슴을 부여잡고 댓글을 답니다. "에이, 설마 내가 이걸 돈 주고 샀겠어? 창고 뒤지다 나오길래 인증한 거야." 이런 반응을 두고 덕후들이 '일반인 코스프레'를 한다고 말합니다. 자, 이제 상처받은 제 마음을 어디서 달랠 수 있을까요? 저와 같이 건담을 좋아하는 사람들이 모여 있는 곳에 인증샷을 올리면 됩니다. 이렇게 사람들이 공통의 주제와 관심사를 중심으로 다시 모이는 시대입니다. 그리고 특정 정보에 관심이 있는 사람들이 모여서 의견을 주고받는 곳은 '버티컬 SNS'입니다. 대표적으로 유튜브와 인스타그램이 있죠.

"기상청의 공식 트위터 계정은 실시간 기상정보만을 담아 고객과 소통이 어려워요." 미팅 차 만났던 기상청 소셜미디어 담당자가 제게 하소연했습니다. 당시 기상청의 공식 트위터는 실시간 기상정보만을 전해주고 있었죠. 저는 그에게 말했습니다. "기상청 트위터에서 실시간 기상정보를 내보내는 것은 나쁘지 않은 방법인데요, 대신 트위터 계정 이름을 '기상청 공식 트위터'에서 '기상청 실시간 기상정보 트위터'로 바꾸면 어떨까요?" '공식'이라는 단어를 버리고 기상청의 업에 맞는 작은 계정으로 이름을 바꾸기를 추천했습니다.

소셜미디어 채널이 잘 운영되지 않는다면 여러 가지 문제가 있겠지만 근본적으로 많은 국내 기업들이 '공식' 계정을 운영하려고 하기 때문입니다. 물론 기업들이 공식 소셜미디어 계정을 운영하는 것을 전면적으로 반대하는 것은 아닙니다. 다만 이제 공식을 떠나 기업의 업을 바탕으로 버티컬, 즉 작은 대화에 몰입할 필요가 있습니다. 작은 대화에 몰입하기에 앞서 공식 계정이 어떤 한계를 갖는지 알아보겠습니다.

공식 계정이 갖는 3가지 한계

기업의 공식 계정이 갖는 첫 번째 문제는 빤해 보인다는 것입니다. '○○기업의 공식블로그'라고 이름 붙이는 순간 디자인, 카테고리, 콘텐츠 구성이 누구나 예상할 수 있는 수준으로 결정됩니다. 공식 계정이기 때문에 기업 고유의 디자인 아이덴티티를 따라야 하고, 기업의 활동, 제품, 서비스, 임직원 소개 등으로 카테고리나 콘텐츠가 구성됩니다. 고객의 입장에서 기업의 공식 채널들이 갖는 차이점을 찾아내기가 힘들 정도로 차별화되지 못하고 있습니다. 마치 기업들의 웹사이트처럼 말이죠.

두 번째 문제는 기업의 공식적인 입장, 즉 기업의 격을 떨어뜨리지 않는 수준의 대화만 가능하다는 점입니다. 고객과 친근하고 감성적인 대화를 나누기에는 한정된 범위 내에서의 소통만이 가능해집니다.

세 번째 문제는 대화가 깊어지기 어렵습니다. 적게는 기업이 생산하는 모든 제품과 서비스에 대해, 넓게는 그룹사 전체에 대해 말하려다 보니 다양한 이야기가 오가기는 하나 그 깊이가 얕습니다. 기업의 사회적 책임CSR 활동에서부터 제품 소개, 고객센터 응대까지 대화의 폭이 너무 넓고 다루어야 할 이야기가 많아서 고객들도 피로감이 늘어갑니다.

하나의 주제에 집중하라

초기 소셜미디어 마케팅의 사례를 살펴봅시다. 미국 전자제품 유통업체 베스트바이Bestbuy는 "블루셔츠에게 물어봐Ask a Blueshirt."라는 주제의 블로그를 개설했습니다. 이 블로그는 블로그의 화자인 블루셔츠가 나와 고객들이 왜 아날로그TV에서 디지털TV로 바꾸어야 하는지 조곤조곤 설명해주는 방식으로 운영되었습니다.

여기서 블루셔츠는 베스트바이 매장 직원들의 유니폼으로, 베스트바이의 직원들을 의미합니다. 고객들이 블로그 활동을 통해 '이제는 디지털TV로 바꾸어야 한다.'고 인식만 해도 시장점유율에서 우위에 있는 베스트바이 매장에서 TV를 구입할 것이라는 자신감과 의도가 숨어 있는 마케팅이죠. 기업의 공식 채널로서 블로그를 활용한 것이 아니라 디지털TV 전환 시점에 매출 향상이라는 '목적성을 가진 채널'을 운영한 것입니다. 이후에도 각종 휴일에 어떤 선물을 살지 고민을 덜어주는 '홀리데이 블로그'를 개설해 곧장 매출로 연결시키는 채널 운영의 묘를 보여주었습니다.

기업이 공식 계정에서 벗어나 하나의 주제로 소셜미디어 매체를 활용하는 방법은 공식적인 뉴스와 고객과의 대화를 분리하는 것입니다. 쉽게 이야기하면 기존의 공식 소셜미디어와 별도로 새로운 주제의 소셜미디어 계정을 개설하는 것이죠. 국내에도 좋은 사례가 있습니다.

홈플러스가 만든 창고형 온라인몰 '더클럽'을 홍보하는 계정인 '소비패턴'[4]을 아시나요? 창고형 마트의 특징인 대용량제품을 표현하기 위해 상품을 반복 나열해서 패턴화한 사진을 게시해 주목을 받았습니다. 여기에 잉여코드의 감성이 담긴 글로 호감을 불러일으켰죠. 다른 기업의 공식 계정들과 달리 잡다한 이야기를 하지 않고 이미지와 글에만 집중해 많은 팔로워를 확보했습니다.

소비패턴
인스타그램

인스타그램, 유튜브처럼 팔로워나 구독자 확보가 중요한 채널일수록 공통의 관심사와 주제에 더욱 집중하는 것이 좋습니다. 이는 여러분이 유튜브에서 무슨 계정을 구독하고 있는지 살펴보면 답이 나옵니다. 예를 들어 제가 전쟁영화 정보를 검색하다 우연히 '국방TV'에서 올린 게시물 '영화 1917을 보기 전, 꼭 보고 가야 하는 1917 찐 스토리' 영상을 보고 유익한 정보를 얻었다고 생각해 구독 신청을 했다고 합시다. 이후 영화의 실제 배경이나 스토리, 영화에 등장한 무기 정보가 담긴 영상이 올라오길 기다릴 것입니다. 그런데 기대와 달리 '육군 37사단, 예비군 도시락 품평회'와 같은 국방뉴스의 영상들이 더 많이 업로드 된다면 어떻게 하겠습니까? 구독을 취소하지 않을까요?

온라인쇼핑몰 29CM(www.29cm.co.kr)의 블로그[5]를 봅시다. 처음 블로그를 개설했을 때는 고객의 질문에 답하거나 쇼핑몰의 정체성에 대한 단독 주제에 관해서만 이야기했습니다. 이후 쇼핑몰의 소식, 문화 등 다양한 메뉴를 추가해 공식 채널로 전환했습니다. 이처럼 고객들과 하나의 주제에 대하여 대화를 시작하고, 이후 그 대화를 서서히 확장하는 것도 좋은 방법입니다.

강조하고 싶은 것은 기업들이 공식 채널을 운영할 때 스스로 만든 한계에 갇히지 말라는 이야기입니다. 이제 기업들도 소셜미디어 계정들을 운영하는 것을 넘어 목적에 따라 활용해야 합니다. 판에 박히고 격식 차리는 대화들은 더는 고객들에게 매력 있어 보이지도 않고, 의미 있는 대화를 이끌어내기도 어렵습니다. 이제 '공식'을 떠나 대화의 폭을 좁혀 고객과 진정한 대화를 나눌 시간입니다.

1그램을 보여주는
디테일

과거의 고객들은 물건을 살 때 기업들이 제공하는 정보에 휘둘렸습니다. 정보를 취할 수 있는 다른 방법이 없었으니까요. 그래서 기업들은 제품정보나 서비스를 제공하는 매체, 설명하는 방식을 마음대로 결정했습니다. 말 그대로 정보의 제공자로서 커뮤니케이션의 갑이었던 셈이죠. 하지만 인터넷, 소셜 웹이 등장하고 갑을관계가 바뀌었습니다.

가격 비교가 쉬울 뿐만 아니라 인플루언서의 제품 개봉기 등 정보 제공자가 넘쳐나고 있습니다. 고객들이 자기 취향에 맞는 정보를 고를 시간이 모자랄 정도로 정보가 많죠. 그러다 보니 정보 제공자들이 자기 정보를 취해 달라며 사람들의 입맛에 맞는 다양한 방법들을 개발하는 세상이 되었습니다. 이제는 정보 제공자가 '갑'이 아니라 정보 수용자가 '갑'입니다.

그런데 기업들이 이 상황을 인지하지 못하거나 잘못 이해하는 경우가 많습니다. 아직도 자신들이 소셜 웹의 커뮤니케이션에서 '갑'이라고 착각하고 기업 중심의 메시지만 쏟아내고 있습니다. 반대로 소셜 웹에 있는 고객들의 취향을 이해하지 못하고 모든 정보를 쏟아부어 정보 제공자로서 인정받으려 하고 있습니다. 그러다 보니 기업들은 이것저것 다 퍼주는 호구가 되거나 재미없게 자기 말만 하는 아웃사이더가 되어버렸습니다.

소셜 웹이 처음 등장할 시점의 커뮤니케이션이 이루어지던 모습을 떠올려봅시다. 고객과 고객이 우리의 제품과 서비스에 대해 이야기하는 모습을 말입니다. 기업의 역할은 고객들이 이야기를 나눌 수 있는 판을 깔아주고 흥미로운 이야깃거리를 제공해주는 것 아닐까요? 지금부터 그 방법에 대해 살펴보도록 하겠습니다.

먼저 듣고 나중에 말하기

"무슨 이야기하는 중이야?" 다른 사람의 대화에 끼어들 때 인사할 겸 던지는 말입니다. 소셜 웹에서 먼저 이야기를 나누고 있는 고객들의 대화에 끼어들 때도 기업의 이야기를 먼저 꺼내기보다 제일 먼저 해야 할 일은 고객들이 무슨 이야기를 하고 있었는지에 대한 파악입니다.

국내 기업들의 인스타그램 계정을 살펴보면 여지없이 기업이 전달하고픈 사진들만 가득합니다. 심지어 인스타그램의 특성을 고려하지 않고 페이스북이나 카카오스토리에서 이미 활용된 이미지를 지속적으로 게시하는 경우도 많습니다. 기업들이 새로운 소셜미디어 매체가 등장하면 제일 먼저 하는 것, 바로 자기가 하고 싶은 이야기를 전달하려는 모습이 인스타그램에서도 그대로 행해지고 있습니다.

멋진 댓글을 기대했던 '제네시스 4행시 이벤트'와 '포카칩 별명짓기 이벤트', 치킨과 롯데월드 중 선호하는 것을 질문한 '롯데월드 페이스북 포스트'를 살펴봅시다. 이 마케팅들은 모두 크게 실패했습니다. '제네시스 4행시 이벤트'는 자동차의 문제점을 비아냥거리는 비난의 4행시가 댓글로 달리자 관리자가 글을 삭제해 문제를 빚었습니다. '포카칩 별명짓기 이벤트' 역시 부정적인 댓글들이 이어져 진행을 중단하고 사과했죠. '롯데월드'의 압승을 기대했던 주최 측은 댓글에 치킨만 달리는, 그야말로 치킨의 압승으로 망신만 샀습니다.

실패 원인은 고객과의 대화에 참여하면서 듣기를 소홀히 한 점입니다. 고객들은 온라인에서 자동차의 누수에 대한 불만을, 과자 양에 대한 반감을, 놀이기구의 안전에 대한 불안을 표현했지만 기업들은 경청하지 않고 이벤트를 통해 분위기를 환기시키는 데만 몰두했습니다.

스와치와 다임러 벤츠의 합작인 초소형 전기차 스마트Smart는 작은 외형으로 종종 주목받았습니다. 어느 날 "새 한 마리가 스마트 자동차

위에 똥을 싸는 바람에 차가 고치지 못할 만큼 망가지는 것을 보았다."
고 비아냥대는 트윗이 게재됩니다. 이에 스마트 자동차는 "한 마리는
아닐 겁니다. 450만 마리면 몰라도."라는 트윗

 스마트 자동차의
인포그래픽

대응과 한 장의 인포그래픽을 공개합니다.[6]

스마트를 망가뜨리려면 새 한 마리가 아니라 비둘기는 450만 마리,
칠면조는 36만 마리, 조류 중에서 타조 다음으로 큰 새로 알려진 에뮤
는 4만 5,000마리가 한꺼번에 똥을 싸야 한다는 사실을 그림으로 보여
주었습니다. 하단에는 스마트 자동차의 안전성을 보장하는 '트리디온
세이프티 셀Tridion Safety Cell'이라는 특허 설계 구조가 9,000파운드(약
4.1톤)의 무게를 견딜 수 있다고 강조했죠. 결국 스마트 자동차는 고객
들의 조롱 섞인 대화를 듣고도 거기에 성실히 대답한 것입니다. 소셜
미디어를 통한 고객과의 대화는 이렇게 연결되어야 합니다. 그런데 우
리는 어떤가요?

"우리 제품에 대한 아이디어를 주세요.", "여러분은 이럴 때 어떤 생
각을 하나요?" 기업이 소셜미디어를 통해 고객의 의견을 물을 때 자주
하는 실수입니다. 이런 이벤트가 실수했다는 것은 결과를 발표하면서
알게 됩니다. 기업이 예측한 대로 고객들이 움직여주지 않은 것이죠.
사실 고객의 의견에 대한 코멘트는 생략하고 바로 당첨자를 발표하는
데만 몰두하니 당연한 결과입니다. 고객으로부터 접수된 의견들을 무
시하지 않고 반응해줘야 정상적, 일상적인 대화가 진행될 수 있습니다.
소셜 웹 역시 사람과 사람이 관계를 맺는 곳이니까요.

기업들은 그동안 소셜미디어를 통해 기업의 메시지, 즉 자신의 이야기를 전달하는 데만 온 힘을 다했습니다. 하지만 소셜미디어는 어느 한쪽이 일방적으로 대화를 진행하는 매체가 아닙니다. 기업들도 이제는 소셜미디어를 통해 듣는 방법을 익혀야 할 시점입니다.

고객이 듣고 싶은 '기업의 이야기'를 말하기

"기업은 소셜 웹에서 고객에게 가치가 있는 정보를 제공해야 합니다." 소셜 웹에서 브랜디드 콘텐츠를 만들 때 한 번쯤은 들어봤을 이야기입니다. 이 말대로라면 앞서 언급했던 '복날 꼭 가봐야 하는 삼계탕 맛집 BEST 3'와 같은 콘텐츠도 나쁘지 않죠. 사실 이 말에는 한 가지 중요한 사실이 빠져 있습니다. 다시 쓰면 이렇습니다. "기업은 소셜 웹에서 고객에게 가치가 있는 '기업의' 정보를 제공해야 합니다."

다시 말해 기업의 업과 관련된 정보를 중심으로 새로운 소셜 웹의 톤앤매너에 맞춰 정보를 제공해야 한다는 것입니다. 대부분 기업들은 그들의 정보를 새로운 소셜 웹의 문법에 맞추어 이야기하기보다는 고객이 즐거워할 이야기를 생산하는 데 집중했습니다. 그러다 보니 자신의 업이나 제품, 서비스와 관련된 정보를 소셜 웹의 문법에 맞추어 이야기하는 방법을 아직도 잘 모릅니다. 기업이 자신의 메시지를 소셜 웹에 최적화하는 일보다 당장의 구독자, 조회 수를 늘리기 위한 콘텐츠

생산에 주력한 결과입니다.

"새로 만드는 블로그에서 우리의 보험 상품, 서비스를 이야기하면 사람들이 재밌다고 할까요? 고객들의 관심거리를 다뤄야 한 번이라도 더 오지 않을까요?" 몇 년 전 모 보험회사에서 기업의 블로그를 구축할 때 사장님의 질문이 날아왔습니다. 당시 기업 블로그는 기존 웹사이트의 콘텐츠를 그대로 옮겨놓은 경우가 대부분이어서 고객들에게 외면받는 상황이었습니다. 질문에는 그러한 상황에 대한 우려가 담겨 있었죠. 하지만 이러한 우려는 결과적으로 상황을 더 어렵게 만들었습니다.

더 큰 문제는 몇 년이 지난 요즘도 여전히 염려된다는 점입니다. 아직도 기업 담당자들이 소셜미디어를 통해 기업의 제품을 소개하거나 메시지를 전할 경우, 고객들이 상업적 콘텐츠라고 외면할 거라 부담스러워하는 경향이 있습니다. 기업이 소셜미디어를 활용한 지 적지 않은 시간이 지났음에도 불구하고 이러한 문제점이 계속 발견되는 이유가 무엇일까요?

웹사이트의 공지사항이나 제품정보처럼 딱딱하고 형식적인 콘텐츠를 벗어나 소셜 웹의 형식에 맞는 콘텐츠를 개발하는 노력을 하지 않았기 때문입니다. 그도 그럴 것이 많은 기업이 소셜미디어의 운영을 대행사에게 전적으로 위임한 탓이죠. 당장의 실적에 쫓겨 방문자 수나 조회 수, 팬 수, 팔로워 수를 늘릴 수 있는 유행, 문화, 여행 등의 가벼운 콘텐츠에 집중하거나, 많은 경품을 내걸고 이벤트를 진행하는 데만 투자한 것도 한몫했을 것이고요.

한국지엠의 블로그[7]를 컨설팅할 때의 일입니다. 3,300개의 포스트가 발행되었을 즈음 독자들에게 인기 있었던 포스트를 분석해보았습니다. 그 결과 상위 10개의 포스트 중 하나를 제외하고는 한국지엠에서 판매하는 차량에 관한 정보였습니다. 결국 고객들이 기업의 소셜미디어 채널을 통해 원하는 것은 제품에 대한 이야기입니다.

기업들은 이러한 고객의 요구에 부응해야만 소셜 웹에서도 기대하는 목적을 이룰 수 있습니다. 여기서 주목해야 할 점은 고객들이 원하는 정보가 웹사이트에서 쉽게 볼 수 있던 정보가 아니라는 점입니다. 소셜 웹에서 먹히는 콘텐츠는 웹사이트에서 먹히는 콘텐츠와는 다릅니다. 소셜 웹은 '기업이 하고 싶은 이야기'가 아니라 '고객이 듣고 싶은 기업의 이야기'를 고객의 눈높이에 맞추어 만들어야 합니다.

가령 한국인삼공사 블로그는 웹사이트처럼 홍삼정플러스의 제품정보나 효능에 대한 이야기로 시작하지 않습니다. 대신 홍삼정플러스의 고객들이 가장 궁금해 하는 '과연 한 번에 얼마큼 먹어야 하는가?'라는 질문에 대한 답을 스토리로 풀어냈죠. 여기에 "1회 1g을 복용하세요."와 같은 웹사이트 내의 정보와는 달리, 아주 친절하게 홍삼 1g을 측정한 실험과 결과를 사진으로 보여주었습니다.

현실적으로 기업이 제품이나 서비스를 고객이 듣고 싶어 하는 이야기로 가공하는 것은 정말 어려운 일입니다. 이제부터라도 기업들은 자사의 메시지를 개발하고 전달하는 데 많은 시간과 노력을 쏟아야 합니다. 그리고 그 출발은 웹사이트 콘텐츠를 만들 때처럼 기업의 입장을 정리하는 것이 아니라 고객들이 자사에 대해 무엇을 궁금해 하고, 어떤 이야기를 듣고 싶어 하는지를 알아내려는 노력에서부터 시작되어야 합니다.

웹툰, 패러디가 만능은 아니다

"뭐 좀 재밌는 거 없어요? 아, 좀 먹히는 거 있잖아요." 기업의 소셜미디어 담당자들과 콘텐츠 아이디어 회의를 할 때 어김없이 등장하는 멘트입니다. 이러한 멘트와 더불어 그들이 내놓는 콘텐츠 유형은 대체로 비슷하죠. 정신없이 화려한 이모티콘, 다양한 컬러로 꾸민 콘텐츠, 전문 작가를 섭외한 웹툰 등 이른바 튀는 콘텐츠의 전시장이랄까요. 그중에서도 단골로 등장하는 것이 개그 프로그램의 유행어를 활용한 콘텐츠나 패러디를 가미한 영상입니다. 소위 '웃기는' 콘텐츠들이죠.

하지만 담당자들의 생각처럼 '재미있는' 콘텐츠로 쏠쏠한 재미를 보기가 쉽지 않습니다. 우선 콘텐츠를 전달하는 방식에서 난항을 겪습니다. 이모티콘이나 다양한 컬러를 적용한 콘텐츠는 가독성이 떨어지기 마련이죠. 웹툰은 눈에 띄기는 하나 검색엔진에 노출되기 어려운 데다, 웹툰의 특성을 살리기보다 기업의 메시지를 억지로 끼워 넣기 때문에 독자들의 반향을 이끌어내기 어려운 것이 단점입니다. 표현 방식은 둘째치고 기업의 메시지를 유머코드에 맞춰 콘텐츠화하는 것도 만만치 않은 문제입니다. 물론 일부 기업의 '웃기는' 콘텐츠가 효과를 본 적도 있지만, 기업이 만든 패러디나 유머코드의 소셜 콘텐츠는 그들만의 개그로 잊히는 경우가 대부분입니다. 그렇다면 소셜 웹에서 재미있는 콘텐츠란 어떤 것일까요?

'재미있다.'를 '웃기다.'고만 해석하는 경향이 있는데요, 사실 여기서 '재미있다.'는 여러 가지 의미를 내포합니다. 이는 소셜 웹의 본질을 생각해보면 답을 쉽게 찾을 수 있습니다. 소셜 웹의 기본적인 역할은 기존 미디어에서 볼 수 없었던 색다른 시각을 제공해 많은 이들의 공감을 이끌어내는 것입니다. 아이디어 상품을 판매하기로 유명한 온라인 쇼핑몰 펀샵을 봅시다.

기존의 온라인쇼핑몰의 제품정보와 매번 다른 시각적 재미를 제공하는 펀샵의 제품 소개는 소셜 웹에서도 널리 회자될 만큼 인기가 있습니다. 풍선 인형을 37세의 회사원으로 설정하고 그 일상을 스토리로 표현한 '케니 더 벌룬'의 제품 소개는 펀샵이 마니아를 만들어낸 대표적인 콘텐츠입니다. 펀샵의 제품정보가 주는 '재미'는 곧 '색다른 시각'입니다.

자동차용품 기업 불스원은 제품 담당자가 자사의 블로그[8]를 통해 자동차용품의 사용법을 직접 설명합니다. 이 사용설명서는 쉬우면서도 깊이가 있어 공유할 만한 가치가 있죠. 여기서 말하는 '재미'는 '공유할 만한 가치'를 뜻합니다. 이렇듯 소셜 웹에서 재미는 유머 외에도 색다른 시각, 공유할 만한 가치, 공감 등 다양한 요소로 이루어집니다. 그런데 많은 기업이 기본적으로 대중의 관심을 끌어야 한다는 것에 몰두한 탓인지, 겉으로 보이는 '재미'에 집착하는 경우가 적지 않습니다. 기업이 만들려는 재미는 기업의 업에 충실해야 하고, 기업의 정체성을 흩트러서는 안 되며, 기업의 격을 떨어뜨려서도 안 된다는 점을 기억하세요. 대중은 생각보다 웃음에 인색합니다.

고객의 자발적인 이야기가
가장 강력하다!

"지금부터 내가 이야기할 거니까 잘 들어. 그럼 경품 줄게!"

"내가 최근에 영상 하나를 찍었는데 기가 막히거든. 좀 퍼날라줄래? 경품 줄게!"

"너희들 혹시 나한테 뭐 궁금한 것 없어? 물어 봐. 경품 줄게."

그간의 국내 기업들의 소셜 웹 커뮤니케이션을 정리하면 이처럼 고객에게 일방적이었습니다. 고객과 고객의 대화에 끼어든 것도 모자라 모든 대화의 주인공이 되고 싶어 했죠. 기업의 일장연설은 과연 효과적이었을까요?

누가 얘기하는 것이 더 효과적일까

"SNS 친구가 100명 넘는 인싸에게 자유이용권을 40% 할인해드립니다."[9] 롯데월드가 진행했던 이벤트입니다. 롯데월드는 기업이 올린 사진들보다 고객들이 자발적으로 올린 인증샷이 더 영향력 있음을 잘 알고 있었습니다. 물론 인싸의 기준을 SNS 팔로워가 100명이 넘는 사람으로 정의한 것 같은 실수는 있었지만요.

강남역을 지나다가 한 아이스크림 가게에서 진행하는 인증샷 이벤트를 보았습니다. 대부분 이런 이벤트는 인증샷을 촬영하고 자신의 SNS 계정에 업로드 한 것을 보여주어야 서비스를 제공받습니다. 이곳은 이상하게도 촬영한 사진만 보여주면 서비스를 제공했습니다. 궁금해서 사장님께 이유를 물어보았죠. "굳이 확인하지 않아도 사람들이 SNS에 올리더라고요. 강제로 올리라고 하면 더 부자연스럽게 사진을 찍고, 그 사진을 보는 사람도 눈치채고요. 그리고 서비스를 받고 나면 바로 삭제한답니다."

고객들은 이미 자신의 경험을 다른 사람들과 공유하기 위해서 자발적으로 인증하고 알리고 있습니다. 그들의 자발적인 공유가 자연스럽게 확산되고, 다른 고객과 연결될 수 있도록 판을 깔아주어야 합니다. 물론 그 이전에 긍정적인 후기를 유도하기 위해 좋은 경험을 제공하는 것이 무엇보다 중요합니다. 기업은 어떻게 고객 경험을 제공할 수 있을까요? 기업 중심의 소셜미디어 커뮤니케이션이 별다른 성과를 거두지 못한 지금, 그간 기업이 상대적으로 신경을 쓰지 않았던 고객 중심의 소셜미디어 커뮤니케이션으로 무게중심을 옮겨봅시다.

소셜 웹에서 가장 이상적인 커뮤니케이션의 모습은 고객이 자발적으로 브랜드의 제품과 서비스에 대해 떠드는 것입니다. 우리의 고객들은 언제, 왜 자발적으로 입소문을 낼까요? 입소문마케팅협회장 앤디 서노비츠Andy Sernovitz는 저서《고객을 떠들게 하라》에서 고객이 특정 기업의 제품과 서비스에 대해 자발적으로 이야기하는 이유를 표1과 같이 크게 3가지로 정의했습니다.

고객이 스스로 표현하고 싶어 해서

3가지 요인 중 먼저 고객 자신의 특성에 대해 살펴보죠. 사람들은 자신의 경험을 다른 사람들과 공유하고자 합니다. 그런데 자신이 경험한 기분과 느낌을 왜 다른 사람들에게 전하려 할까요? 그것은 인간의 특성과 관련합니다. 사람들은 스스로 똑똑한 사람이고 싶어 하고 자기 자신을 중요한 존재로 생각합니다. 또 그런 자신을 세상에 표현하고 싶어 합니다.

이런 특성은 예나 지금이나 크게 달라지지 않았습니다. 달라진 건 더 강력해진 환경이죠. 사람들의 조언을 듣고 답하는 공간이 과거에는 직접 대면이나 전화 통화 정도에 그쳤다면 이제는 언제든 누구와도 쉽

	고객 자신	브랜드와 제품	브랜드와 고객의 관계
이야기 주제	이야기하는 고객 자신의 느낌에 관한 이야기	브랜드와 그 브랜드의 제품에 관한 이야기	브랜드와 고객을 한데 묶은 '우리'에 관한 이야기
구체적 내용	- 고객은 자신이 똑똑하다고 생각한다. - 고객은 자신을 중요한 존재라고 생각한다. - 고객은 주변 사람들을 돕고 싶어 한다. - 고객은 자신을 표현하고 싶어 한다.	- 고객이 브랜드와 그 브랜드의 제품을 좋아한다(혹은 싫어한다). - 브랜드가 고객에게 이야기할 거리를 제공했다. - 고객이 브랜드에 대해 이야기하기 쉬운 환경을 브랜드가 조성했다.	- 브랜드와 고객이 한 가족이라는 동질감 - 고객은 직원과 다름없는 브랜드의 일부라는 일체감

표1 고객이 브랜드에 대해 이야기하는 3가지 이유[10]

게 대화를 나눌 수 있는 인터넷이라는 거대한 커뮤니티 공간이 형성되어 있습니다. 당연히 사람들의 조언과 대화가 활발해지고 영향을 미치는 범위가 커졌습니다. 제가 개인 카시오 지샥 시계에 대한 리뷰와 튜닝 정보를 올렸더니 일면식도 없는 미국의 한 지샥 마니아가 감사 편지를 보낼 정도입니다. 고객들은 스스로 떠들 준비와 영향력을 갖춘 상태입니다.

기업이나 제품, 서비스가 좋아서

고객이 기업과 기업의 제품을 좋아해서(혹은 기업과 그 기업의 제품을 싫어해서) 자발적으로 이야기하는 경우는 많습니다. 제품을 구입해서 써보고 만족하면 고객들은 이야기합니다. 단, 사람들은 좋은 경험보다 나쁜 경험을 더 많이 이야기한다는 점을 주목하세요. 기업은 위기 관리 측면에서도 이런 특성을 살펴야 합니다.

기업이 고객에게 이야깃거리를 제공하는 경우도 있습니다. 화장품 브랜드 미샤와 팔도의 재밌는 컬래버레이션 '팔도BB크림면'을 생각해보죠. 제품을 구매한 고객은 포장에서부터 맛까지 자신의 경험을 SNS를 비롯한 다양한 커뮤니티에 스스로 이야기하고 퍼뜨릴 것입니다. BB크림과 비빔면의 기상천외한 이종 간 결합이 고객에게 재밋거리를 제공했으니까요.

기업이 제공하지 않아도 제품이나 서비스에 대해 이야깃거리, 자랑할 거리가 있는 경우도 마찬가지입니다. 고객들이 허니버터칩을 찾기 위해 판매점을 돌아다니다 구하면 자신의 SNS에 바로 인증했죠. "구하기 힘든 허니버터칩을 난 먹어봤다!"고 자발적으로 자랑했습니다.

영화는 개봉 직후의 뒷이야기들을 관객들이 스스로 공유하여 확산하는 경우가 있습니다. 영화 '1917'이 국내에 개봉하자 일부 관객들은 영화 정보 온라인 데이터베이스 IMDb에서 제공하는 트리비아(Trivia, 사람들이 알고 싶어 하는 이야깃거리나 여담)[11]를 번역해 온라인 영화 커뮤니티[12]나 유튜브[13]를 통해 공유, 확산했습니다. 이에 영화 홍보를 위해서 의도적으로 개봉 직후 숨겨진 이야기를 공개하는 방법이 국내에서도 많이 이루어졌습니다. 이를 참고해 제품 개발과 관련된 숨겨진 이야기를 활용하는 것도 좋겠습니다.

마지막으로 고객이 기업이나 제품에 대해 이야기하기 쉬운 환경을 조성하는 경우를 살펴봅시다. 앞서 언급했듯이 소셜 웹에서 고객과 고객이 서로 제품과 서비스 정보를 공유하도록 독려하기 위해 기업이 자연스럽게 판을 깔아주는 경우입니다. 여기에는 2가지 목적이 있습니다. 첫 번째는 기업의 이야기를 한곳에 모아 대화를 모니터링하고 영향력을 높이려는 것입니다. 두 번째는 긍정적인 이야기를 자연스럽게 유도하기 위해서입니다. 이때 긍정적 이야기만을 강요하는 것은 오히려 부작용을 낳을 수 있습니다.

기업들이 이야기의 판을 깐다고 하면 별도의 마이크로사이트나 플랫폼 구축이 필요하다고 생각하는 경우가 많은데, 고객들을 움직일 아이디어를 먼저 생각해보는 것이 우선입니다.

회사와 고객과의 좋은 관계 때문에

고객이 기업의 한 가족이라는 동질감. 고객은 직원과 다름없는 기업의 일부라는 일체감을 주어 자발적으로 기업에 대해 이야기하게 하는 경우입니다. 이러한 경우는 기업과 고객과의 신뢰가 장기간에 걸쳐 쌓인 관계가 대부분입니다. 단기간에 캠페인이나 이벤트를 통해 이루어지는 것이 쉽지 않습니다.

통신기기 및 소프트웨어 업체 샤오미는 지속적으로 다양한 고객 참여 프로그램을 실시해 전 세계적으로 샤오미 사용자들의 커뮤니티인 미펀(샤오미 팬)을 구축했습니다. 페이스북, 앱, 팬 초청 이벤트 등 다양한 온오프라인 채널을 활용해 미펀과 소통하고 있으며 그들의 피드백을 신제품 개발과 소프트웨어 업그레이드에 반영합니다.

이 같은 고객 참여 캠페인은 장기적인 관점에서 계획하고 시행해야 하는데 대부분의 기업은 단기 효과에만 집중합니다. 이런 경우 좋은 결과를 얻기 어렵습니다. 단기적으로 고객 경험을 제공하는 방법으로 접근하고, 장기적으로 지지세력, 브랜드 팬덤을 구축하는 방법으로 접근해야 합니다. 이와 관련해서는 4장에서 자세히 설명하겠습니다.

지금까지 고객이 자발적으로 기업의 제품과 서비스에 대해서 이야기하는 3가지 이유를 차례로 살펴보았습니다. 고객은 이미 떠들 준비가 되었고 그들의 영향력도 커졌습니다. 이에 기업은 고객이 자유롭게 이야기할 거리와 판을 제공하고 고객과 장기적으로 긍정적인 관계를 만들어나가야 합니다. 이제 기업들은 커뮤니케이션의 주인공 자리를 내려놓고 고객들이 브랜드와 제품에 대해 떠들고 지지하는 팬이 될 수 있도록 만들어야 합니다. 장기적인 관점에서 '브랜드 팬덤을 구축'하는 일을 시작해야 합니다. 3장에서 기업의 상시적인 영향력자인 브랜드의 팬을 모으는 방법에 대해 살펴보겠습니다.

3장
어떻게 팬으로 만들 수 있을까

:
브랜드 팬덤의 시작

모든 놀이에는 규칙이 있듯이
기업이 고객들의 놀이터에서 함께 어울리고 싶다면
그들이 즐기는 방식, 즉 메시지를 담는 방식을 이해해야 합니다.
즉, 디지털 크라우드 컬처를 이해하는 것이 중요합니다.
그럼에도 불구하고 기업들은 대부분 이해하기보다
흉내 내는 정도에 그치는 것 같습니다.

세상을 뒤흔드는
팬덤

"'쓰백러' 덕분이에요."

영화 '미쓰백' 이지원 감독의 말입니다. 여배우가 혼자 주연을 맡았고 아동 학대라는 비주류 주제를 다루었다는 이유로 영화 상영이 개봉 일주일을 넘기지 못할 것이라는 비관론이 많았습니다. 실제로 개봉관을 많이 확보하지 못했죠. 이때 영화 '미쓰백'을 살린 건 미쓰백 팬덤 '쓰백러' 덕분이었습니다.

쓰백러들은 관람이 어려운 시간대에는 '영혼관람(관객이 갈 수 없는 경우에도 예매해 영혼만이라도 보내 관람하겠다는 것)'으로 이겨내고 SNS를 통해 자발적으로 뭉쳐 영화 예매권을 선물하거나 단체 관람을 추진했습니다. 결국 한 달 넘게 상영되며 손익분기점을 넘겼습니다. '쓰백러'뿐만 아니라 영화 '허스토리'의 '허스토리언', '불한당'의 '불한당원', '아수라'의 '아수리언' 등 영화계는 팬덤의 영향을 크게 받는 상황입니다. 일찌감치 CGV는 2018년 한국 영화시장을 대표하는 3가지 키워드에 '팬덤'을 포함했을 정도입니다(나머지 키워드는 '입소문'과 '20대'입니다).[1]

팬덤이라고 하면 방탄소년단의 이야기를 꺼내야겠죠? 현대경제연구원이 2018년에 발표한 보고서 〈BTS의 경제적 효과〉에 따르면 방탄소년단이 지금 같은 인기를 유지한다면 10년(2014~2023년)간 경제적 효과는 생산 유발 효과 41조 8,600억 원, 부가가치 유발 효과 14조 3,000억 원으로 총 56조 1,600억 원에 이른다고 예상했습니다. 한국개발연구원이 추정한 평창올림픽의 생산·부가가치 유발 효과는 41조 6,000억 원이니 어마어마한 숫자입니다.

이를 증명하기라도 하듯 방탄소년단이 서울에서 3일간 연 공연의 경제효과가 1조 원에 육박한다는 연구 결과가 있습니다. 2019년 10월에 잠실올림픽주경기장에서 열린 방탄소년단 콘서트의 직간접 경제효과가 약 9,229억 원으로 추산됐다고 밝혔으며[2] 약 13만 명의 관객이 모였습니다.[3] 이러한 엄청난 경제적 효과에는 팬덤인 아미ARMY의 공이 컸습니다. 이에 따라 그들의 팬덤 문화에 대해 배우고 연구하려는 바람이 불고 있습니다.

팬덤의 영향력이 막강해서 이런 일도 있었습니다. 미국 오클라호마주 털사에서는 트럼프 대통령의 선거 유세가 진행되었습니다. 1만

9,000석 규모의 행사장을 메우고도 입장하지 못할 청중들을 위해 야외무대까지 단단히 준비했습니다. 그런데 2020년 6월 20일 공식 입장객이 6,200명에 불과했습니다. 트럼프 대선 캠프의 대변인은 그 원인을 과격한 흑인 인권 시위대가 트럼프 지지자들의 행사장 진입을 막았기 때문이라고 했지만 〈뉴욕타임스〉나 CNN 등 언론의 생각은 달랐습니다. '틱톡 10대들TikTok Teens'과 '케이팝 팬덤K-pop Stans' 때문이었거든요.

틱톡 할머니 영상

아이오와주에 사는 '틱톡 할머니' 메리 조 로프는 자신의 틱톡에 영상을 올립니다.[4] 노예해방 기념일(6월 19일, 준틴스 데이)에 흑인 학살의 역사가 있는 털사에서 트럼프 대통령이 유세하는 것에 분노하며, 유세장 입장권을 신청한 뒤 나타나지 않는 이른바 '노쇼' 운동 시위를 벌이자고 제안합니다. 영상은 하룻밤 사이 25만 회가 넘는 조회 수를 올렸고 여기에 케이팝 팬들이 동참하면서 폭발적으로 확산했습니다.

온라인 사전 티켓은 100만 명 이상이 신청했지만 결과는 노쇼였죠. 케이팝 팬들은 흑인 인권 운동의 반대편이라 할 수 있는 백인 우월주의 사이트에 연결되는 해시태그 #WhiteLivesMatter('백인 생명도 소중하다.'는 뜻으로 인종차별 반대 시위를 반대하는 구호)를 선점해 방해했고, 팬클럽 아미는 방탄소년단의 100만 달러 기부 소식에 곧바로 같은 금액을 기부했습니다.[5] 케이팝 팬들은 그들의 스타가 지향하는 가치를 지지하고, 그들이 속해 있는 사회와 긍정적인 영향을 주고받음으로써 세상을 놀라게 했습니다.

연예든 영화든 정치든 팬덤 없이는 아무것도 안 되는 세상입니다. 팬덤은 스타 지키기를 넘어 문화 소비자로서 자신의 권리를 주장하는 단계로 진화하고 있으며, 그들의 영향력은 이제 상상하기 힘든 일을 이루어내기도 합니다. 연일 언론에서 이러한 팬덤 관련 기사들이 쏟아지고, '팬덤 마케팅'이 거론되기 시작했죠.

"우리도 강남스타일 같은 영상을 만들죠!" 싸이의 '강남스타일'이 전 세계적으로 히트를 기록하고 있을 때 고객사의 담당자들과 미팅만 하면 듣는 이야기였습니다. 최근에 고객사 미팅에서 자주 등장하는 이야기는 "방탄소년단의 팬클럽 아미처럼 우리 기업의 팬덤을 만들어보죠!"입니다. 기업들이 브랜드 팬덤의 필요성을 알게 된 것은 좋습니다만, 마케팅의 도구나 방법 정도로만 생각하는 것 같아 염려스럽습니다. 먼저 브랜드 팬덤에 대해서 제대로 아는 것부터 시작해봅시다.

브랜드 팬덤이란

팬덤fandom은 특정 스타나 분야를 지지하고 열정적으로 좋아하는 자발적 공동체와 그들이 공유하는 문화를 일컫는 용어입니다. 열광적인 수용자를 의미하는 'fan'과 지위, 상태, 집단을 뜻하는 접미사 'dom'을 붙여 만든 합성어입니다. 따라서 브랜드 팬덤은 팬덤의 개념과 유사하게 '특정 기업의 브랜드나 제품, 서비스를 지지하고 열정적으로 좋아하는 공동체와 그들이 공유하는 문화'를 의미합니다.

브랜드 로열티는 습관적이고 의도적으로 특정 브랜드를 선호하고 반복구매하며 주변 사람들에게 추천하는 개별 행동을 합니다. 이와 다르게 브랜드 팬덤은 로열티가 강한 고객들이 집단을 만들어 영향력을 형성해 브랜드 콘텐츠를 직접 생산하고, 브랜드를 대변하며, 중요한 이슈 또는 시점마다 목소리를 내는 등 더욱 큰 목소리로 브랜드를 홍보해 브랜드 커뮤니케이션에 깊이 관여합니다. 브랜드 팬덤은 강력한 영향력을 가진 만큼 원한다고 쉽게 만들 수 있거나 단기간 내에 구축할 수 있는 것이 아닙니다. 장기적인 관점에서의 계획이 필요합니다.

"'좋아요'의 가치는 얼마일까?" 2017년 3월 〈하버드 비즈니스 리뷰〉에 재밌는 실험이 소개되었습니다. 레슬리 존 교수가 페이스북 브랜드 페이지의 팬과 팬이 아닌 일반 소비자 두 집단에 무료 샘플 쿠폰을 증정했더니 두 집단의 쿠폰 사용률이 같았다고 합니다. 즉, 소셜미디어에서 어떤 브랜드를 '팔로잉'하는 것이 그 사람의 구매 행동에 변화를 일으킨다는 증거가 없다는 사실을 확인해준 것이죠.

앞서 러쉬는 57만 2,000명의 인스타그램 팔로워, 42만 3,000명의 페이스북 팬, 그리고 20만 2,000명의 트위터 팔로워를 보유한 시점에 SNS 채널 운영을 종료하고 팬들을 독립 플랫폼으로 오도록 유도했습니다. 페이스북, 인스타그램의 팬, 팔로워를 브랜드의 팬으로 활용하기에는 소셜미디어 플랫폼의 제약이 많다는 것을 깨달았기 때문입니다. 물론 그들도 일회성인 이벤트를 통해 팬, 팔로워가 된 경우가 대다수고요. 소셜미디어 상의 팬, 팔로워, 구독자 수를 마냥 늘려가기만 하고 가치 있게 활용할 수 없다면 무슨 의미가 있을까요?

많은 기업들이 인플루언서에게 비용을 지불하고 그들을 홍보 마케팅에 활용합니다. 그들은 기업의 브랜드나 제품을 지지할 수도 있고, 아닐 수도 있습니다. 순간적인 바이럴 효과가 있어 신제품 출시나 이슈를 만들 때 활용하면 좋습니다. 단, 인플루언서들은 기업의 위기와 함께하지 않습니다. 반면 인플루언서와 비교해 브랜드 팬은 브랜드의 상시적인 영향력자로, 위기 상황에 브랜드의 편에 설 확률이 높습니다. 팬들 개인의 영향력은 천차만별이지만 그들은 집단적으로 행동하므로 영향력도 갖추고 있습니다.

기업은 장기적인 관점에서 인플루언서를 활용하는 것보다 브랜드 팬덤을 구축하는 것이 효과적입니다. 기업들이 그들의 지지세력과 브랜드 팬덤을 구축해야 하는 이유 중 하나는 여러분이 지금까지 믿고 활용했던 팬, 팔로워, 구독자, 인플루언서 등을 활용한 효과를 보다 지속적으로 얻을 수 있기 때문입니다.

브랜드 팬덤은 어떻게 만들어지는가

기업의 브랜드나 제품, 서비스를 지지하는 팬은 어떻게 만들 수 있을까요? 일반적으로 팬에 입문한다는 것은 입덕(한자 'ㅈ'들 입과 '덕후'를 합친 신조어로, 어떤 분야나 사람에 푹 빠져 열성적으로 좋아하기 시작함) 과정을 거칩니다. 입덕의 계기는 흔히 '덕통사고'라고 합니다. 덕통사고는 '덕후'와 '교통사고'의 합성어로 갑자기 혹하고 들어오는 교통사고와 같은 순간적이고 강렬한 경험으로 인해 팬, 즉 덕후가 되는 것을 이르는 신조어입니다.

기업이나 브랜드는 어떻게 고객에게 강렬한 경험을 제공할 수 있을까요? "총탄이 분명 가슴에 맞았는데…" 베트남 전쟁 당시 미 육군 소속의 안드레즈 중사는 자신의 가슴팍에 넣어둔 지포라이터가 총알을 막아줘 생명을 구할 수 있었습니다. 이렇게 자신의 목숨을 구해준 정도의 경험쯤 되어야 지포라이터에 입덕하지 않을까요? 하지만 지금이 전시도 아니고 이 정도의 경험을 제공하기가 쉬운 일이 아닙니다. 따라서 기업들은 한 번의 강렬한 경험보다는 지속적으로 좋은 경험을 제공하는 것이 중요합니다. 좋은 경험은 고객이 스스로 그 의미를 발견하는 것이 이상적입니다.

매년 진행되는 서울세계불꽃축제에서 사전 이벤트로 진행된 '나만의 불꽃 만들기'에 참가해 당선된 경우, 행사장에서 나의 이야기와 작명, 그리고 내가 설계한 불꽃이 쏘아 올려지는 강렬한 경험을 한다면 과연 어디에 입덕하게 될까요? 주관사인 한화그룹보다는 서울세계불꽃축제에 입덕할 확률이 더 높을 것입니다. 제공되는 경험의 주체도 입덕하는 데 주요한 요소입니다.

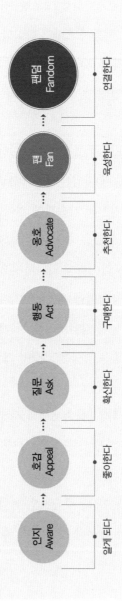

그림2 브랜드 팬덤 육성 프로세스

필립 코틀러가 저서《필립 코틀러의 마켓 4.0》에서 설명한 새로운 고객 경로를 기반으로 팬덤이 만들어지는 방법을 살펴봅시다. 인지 단계에 제품이나 브랜드를 알게 되고 호감 단계에 좋아하게 되어 호기심이 일어납니다. 질문 단계를 거쳐 확신을 얻고 행동, 즉 구매하게 되고 그간의 경험을 다른 사람에게 추천하는 옹호 단계로 연결됩니다. 주로 제품을 구매하고 활용하면서 만족을 느끼는 옹호 단계에 추천을 많이 합니다.

옹호 단계의 고객은 팬이라기보다는 우리 브랜드의 제품이나 서비스의 지지자Advocate라고 보는 것이 타당합니다. 이러한 지지자들을 발굴해서 육성해야 팬으로 발전시킬 수 있고 팬들을 연결하고 그들만의 문화를 구축하도록 도우면 브랜드 팬덤을 만들 수 있습니다. 따라서 브랜드 팬덤은 많은 시간과 노력을 들여 장기적인 관점에서 설계하고, 단기적으로 그들의 지지를 이끌 수 있는 경험들을 지속적으로 쌓아나가야 합니다.

팬덤을 형성하는 컬처 코드

그동안 기업들은 브랜드 로열티, 브랜드 커뮤니티, 서포터즈 등 다양한 고객을 지지자로 활용해왔습니다. 좋은 결과를 얻기도 했지만 대부분 흐지부지하게 종료됐을 것입니다. 브랜드 팬덤 역시 지금까지 진행했던 방식에 이름만 새롭게 붙인 것은 아닌지 의심하는 눈길도 있을 거예요. 브랜드 팬덤은 기업이 고객과 상호 교류하고 고객에게 더 많은 기회를 제공함으로써 지지자에서 팬으로 성장할 수 있는 계기를 만들어주는 것입니다. 단발성으로 끝나는 서포터즈와는 다르며, 브랜드 팬덤은 눈덩이처럼 지속적으로 키울 수 있다는 장점이 있죠.

지금 여러분이 브랜드 팬덤에 집중해야 하는 이유는 다음과 같습니다. 첫 번째, 소셜미디어, 디지털 기술이 진보했기 때문입니다. 인터넷의 등장으로 멀리 떨어진 고객 간에 커뮤니케이션이 쉽게 이루어지고, 소셜미디어의 등장으로 고객의 영향력이 확장되었습니다. 고객들 가운데서 지지자를 구분해낼 수 있고, 그들과 라이브 스트리밍으로 토론할 수 있으며, 해시태그로 지지자들을 연결 짓는 등 다양한 방식으로 디지털 기술들이 진보하고 있습니다. 그간 이룰 수 없었거나 힘든 문제점들이 해결되면서 전 세계적으로 거대한 팬덤을 형성하는 일이 가능해졌습니다.

두 번째, 참여와 경험을 중시하는 MZ세대가 주요 타깃이기 때문입니다. 1980년대 초반부터 2000년대 초반에 걸쳐 태어난 밀레니얼 세대와 1990년대 중반부터 2000년대 초반 사이에 태어난 Z세대를 통칭해 MZ세대라고 합니다. 디지털 환경에 익숙한 MZ세대는 모바일을 우선적으로 사용하고, 최신 트렌드에 민감하며, 이색적인 경험을 추구하고, 참여를 통해 모든 것에 의미를 부여하기를 좋아합니다. 이러한 MZ세대가 신흥 소비의 주체로 떠올랐습니다. 제품에 대한 경험을 원하고 선호하는 브랜드의 활동에 적극적으로 참여하고 싶어 합니다.

세 번째, 기업이 소셜 웹에서의 시행착오를 통해 이제 고객과 이야기를 나누는 방법을 알게 되었습니다. 앞서 소셜미디어 마케팅 무용론을 초래한 실수들을 언급했습니다. 이를 통해 기업이 고객과 진정한 대화를 나눌 수 있는 기본적인 소양을 갖췄으며, 그동안 개설한 소셜미디어 인프라가 이제야 제 몫을 할 수 있는 환경이 조성되었습니다.

네 번째, 기업의 제품과 서비스는 고객의 의견을 더욱 적극적으로 반영해야 할 시점입니다. 그러려면 업그레이드 된 고객의 목소리를 듣기 위한 접점을 만들어야겠죠. 브랜드 팬덤을 활용하면 고객들로부터 전문성이 반영된 목소리를 들을 수 있습니다. 고객과 지속적인 대화를 통해 집단지성을 발휘할 수 있는 거죠.

다섯 번째, 브랜드 팬들을 연결하고 그들 고유의 문화와 연결 지으면 다른 고객들에게도 경험이 제공되어 참여를 이끌 수 있습니다. 눈덩이처럼 팬덤을 키우고 파이를 확장해나가는 거죠. 브랜드의 덕후들이 이루어낸 팬덤 문화를 활용해 대중의 참여를 이끌어내기에 적기입니다.

불행하게도 기업들은 그동안 고객을 참여시키려고 소셜 웹에서 많은 시도를 했지만 큰 성과를 얻지 못했습니다. 그 이유 중 하나가 디지털 군중들의 놀이를 이해하지 못했거나 이해하려는 시도조차 하지 않았기 때문입니다. 브랜드 팬덤을 본격적으로 구축하기에 앞서 고객이 자발적으로 참여해 팬이 되게 하는 소셜 웹의 놀이 규칙인 '디지털 크라우드 컬처Digital Crowd Culture' 4가지를 살펴보겠습니다.

잉여코드, 있어빌리티, 인스타워시, 덕후코드는 디지털 군중의 행동을 이해하고 그들의 참여를 유도할 때 중요한 역할을 하는 요소입니다. 디지털 군중이 되어 소셜 웹이라는 새로운 놀이터의 규칙을 알아가는 마음으로 차근차근 살펴봅시다.

중독성 있는 놀이에는
규칙이 있다

"사진1에서 사장님의 글을 읽으면 어떤 감정이 드나요?"

제가 소셜미디어 마케팅 강의를 할 때 도입 부분에 꼭 묻는 질문입니다. 특히 기업의 임원급을 대상으로 교육할 때 프레젠테이션의 첫 장으로 사용합니다. 제가 원하는 답은 무엇일까요?

'웃프다.'입니다. '웃기다.'와 '슬프다.'의 합성어죠. 답을 공개하면 강의장은 잠시 시끄러워집니다. 허탈하다는 의미로 웃음 짓거나 고개를 끄덕이거나. 문제는 답을 알려주었는데도 왜 웃기는지, 어떤 부분이 슬픈지 모르겠다는 분들입니다. 이런 분들께는 진심 가득한 농담을 담아 의견을 드립니다. "가능한 한 소셜 웹 커뮤니케이션 업무에서 가장 멀리 떨어지셔야 합니다."

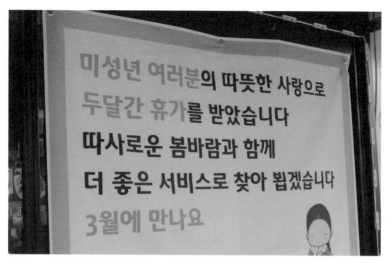

사진1 미성년 출입으로 영업을 일시 정지하게 된 어느 가게의 호소 1

2016년 리우올림픽이 끝나고 인스타그램에서 올림픽 연관 동영상 인기 순위를 발표했습니다. 5만 7,000건의 '좋아요'를 받은 1위 영상은 캐나다 배구선수 제이 블랭키노의 동영상이었습니다.[6] 왜 그렇게 많은 사람이 이 영상에 열광했는지 설명할 수 있으신가요? 영미권에서 배구는 특출한 인기 종목이 아니고, 제이 블랭키노 역시 특별히 잘하고 유명한 배구선수가 아닙니다. 카메라가 마구 흔들려 제대로 보기도 힘든 올림픽 개회식 장면이 왜 1,200만 회의 조회 수를 올렸는지 매우 궁금합니다.

 제이 블랭키노 영상

이밖에도 벤자민 베넷Benjamin Bennett은 일주일에 2번, 하루에 4시 간씩 방구석에서 부동의 자세로 앉아 웃기만 합니다.[7] 실없이 웃기만

하는 영상을 올린 그는 약 30만 명의 구독자를 가진 행위예술가 겸 유튜버입니다. 앞선 사례와 마찬가지로 많은 사람이 왜 벤자민을 보고 좋아하는지 설명할 수 있으신가요?

벤자민 베넷 유튜브

앞선 2개의 영상과 비교해 기업들이 소셜 웹에 제작, 배포하고 있는 콘텐츠들을 살펴봅시다. 기업의 콘텐츠 제작자들은 앞선 영상들의 인기 비결을 분석하기가 힘들 겁니다. 사람들이 이런 콘텐츠에 열광하는 것부터 이해하기가 어려우니까요. 역으로 이런 콘텐츠에 열광하는 사람들은 기업이 만든 콘텐츠를 보면 어떤 생각이 들까요? 그들은 이 콘텐츠를 끝까지 보는 것조차 힘겨울지도 모릅니다. 이렇게 디지털 군중과 기업 간 소통의 간극이 점점 더 벌어지는 현실입니다. 기업은 웰메이드 콘텐츠를 제작하고 그들의 메시지를 전달하는 데만 집중하고 있습니다. 반면 디지털 군중들은 그들의 놀이에 더욱 치중하는 상황입니다.

기업과 고객의 동상이몽

"기업은 디지털 세상의 전반에 걸쳐 자사의 브랜드를 포지셔닝하기 위해 광고대행사와 기술전문가를 고용했다. 바이럴, 버즈, 밈, 고착성, 형태인자 같은 용어는 브랜딩의 공통어가 됐다. 그러나 요란한 잔치에 먹을 것은 없었다. 다시 말해 후끈 달아오른 분위기에도 불구하고 그런 브랜딩의 노력은 아주 미미한 성과를 낳았을 뿐이다."[8]

《컬트가 되라》로 알려진 더글라스 홀트Douglas Holt 교수의 이야기입니다. 이어서 그는 말합니다. "크라우드 컬처는 브랜딩의 규칙을 새로 쓰고 있다. 다시 말해 성공적인 기법이 무엇이고 그렇지 않은 기법이 무엇인지를 재정의한다. 크라우드 컬처를 이해한다면 브랜디드 콘텐츠 전략의 실패 원인을 알아낼 수 있다. 아울러 소셜미디어로 강력해진 대안적인 브랜딩 기법이 무엇인지도 확인할 수 있다."

기업은 소셜 웹이 고객들에게 더욱 친밀하게 다가가 소통할 수 있는 새로운 홍보의 장이라고 생각할 겁니다. 그러나 사람들에게 소셜 웹은 불만족스럽고 불안한 현실을 떠나 다양한 소통을 즐길 수 있는 새로운 놀이터입니다. 모든 놀이에는 규칙이 있듯이 기업이 고객들의 놀이터에서 함께 어울려 소통하고 싶다면 그들이 즐기는 방식, 즉 메시지를 담는 방식을 이해하고 따라야겠죠. 그래서 디지털 크라우드 컬처를 이해하는 것이 중요합니다. 그럼에도 불구하고 기업들은 대부분 이해하기보다 흉내 내는 정도에 그치는 것 같습니다.

사진1의 '웃픈 사진'과 사진2의 사진을 비교해봅시다. 차이가 느껴지시나요? 사진1의 마지막 문구인 "따사로운 봄바람과 함께 더 좋은 서비스로 찾아뵙겠습니다."와 사진2의 마지막 문구인 "저희는 끊임없이 신분증을 확인하겠습니다."의 톤앤매너가 극명한 차이를 보여줍니

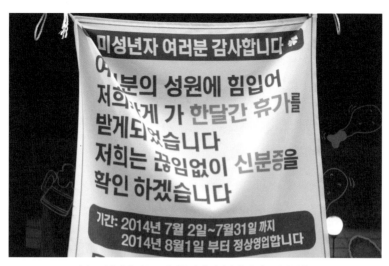

사진2 미성년 출입으로 영업을 일시 정지하게 된 어느 가게의 호소 2

다. 신분증을 확인하겠다는 상점 주인에게서 약간의 분노와 결연한 의지가 느껴집니다. 그간 기업들이 소셜미디어 마케팅을 하면서 빚어온 실수들이 반복되는 이유와 같습니다. 기업은 소셜 웹에서 군중의 놀이를 흉내만 내다 결국 하고 싶었던 말을 참지 못하고 본색을 드러내 자기가 하고 싶은 말만 하고 있으니까요.

디지털 크라우드 컬처 1:
유희의 공통 코드, 잉여코드

"으리(의리)"를 외친 배우 김보성을 전면으로 내세운 광고가[9] 뜨거운 관심을 받았던 적이 있습니다. 비락식혜는 이 영상으로 젊은 층에서 인지도를 높였을 뿐만 아니라 매출도 전년동기 대비 65.2% 증가하는 효과를 거두었다고 합니다. 말 그대로 대박 히트친 것이죠. 히트를 넘어 신드롬으로까지 발전한 이 아이디어는

 비락식혜 광고　　과연 어디에서 온 것일까요?

　　의리 놀이는 인터넷 커뮤니티 사이트 '디씨인사이드'의 사용자들 사이에서 시작됐습니다. 이후 케이블방송의 코미디 프로그램에서 한 개그우먼이 패러디함으로써 온라인을 넘어 세간의 관심을 끌었죠. 사

실 비락식혜보다 한 발 빨랐던 화장품 기업 이니스프리는 배우 이민호와 김보성을 동시에 활용해 광고를 찍었습니다.[10] 이 영상은 2주 만에 100만 회의 조회 수를 돌파했으며, 영상에 등장하는 신제품은 성공적으로 판매되었죠. 이후 비락식혜는 '김보성'보다는 '의리 놀이'에 더욱 중점을 두어 비교도 안 될 정도로 큰 화제를 일으켰습니다.

이니스프리 광고

물론 비락식혜의 동영상을 보고 '이게 왜 재미있지?'라고 생각하는 사람도 있었을 것입니다. 추측건대 이런 반응은 요즘 소셜 웹의 잉여코드를 이해하지 못하거나 알고도 무시하는 경향이 있었을 것입니다. 잉여는 말 그대로 '남는 것'을 의미합니다. 이것이 '인간'과 결합해 '잉여인간'이라 불리고, 이 말이 이 시대의 청춘을 대변하면서 새로운 문화들을 만들어냈습니다. 일할 의지는 있으나 기회가 주어지지 않아 어차피 '쓸모 있는' 일을 못하는 상황에서 자기 방식대로 열정과 에너지를 쏟아붓고 나름의 만족을 할 수 있는 잉여짓이 그 새로움의 원동력이었죠. 그리고 잉여짓의 공간은 역시 비주류인 온라인, 특히 온라인 커뮤니티가 되었습니다.

"우린 안 될 거야, 아마." 인디밴드의 보컬이 다큐멘터리에 출연해서 했던 말이 화제였죠. 이 말처럼 잉여는 자조적인 루저 정신이 지배적이었습니다. 잉여문화의 대표 격인 병맛도 맥락 없고 형편없음을 뜻하는 '병신 같은 맛'의 줄임으로, 초기에는 가학적인 폭력, 자학적인 경향이 강했습니다. 이후 병맛도 유머의 경향이 강해지면서 '병신 같은데 왠지 멋있어.'라는 의미로 전환됩니다(이해를 돕기 위한 설명일 뿐 다른 비하의 의도는 없다). 병맛이 잉여를 넘어 일반 대중에게도 즐기는 마음으로 자리 잡기 시작한 것이죠.

초기의 잉여는 가학적, 자조적, 폭력적이어서 대중적이지는 못한 경향이 있었으나 이후 대중이 잉여짓에 참여하면서 누구나 쉽게 자신을 잉여라 칭하고 잉여짓을 자랑하게 되었습니다. 잉여문화에 드리웠던 자조적 경향은 유머만이 부각되면서 소셜 웹에서 유희의 공통 코드로 발전했습니다. 다시 말해 소셜 웹에서 재미있는 대화, 커뮤니케이션을 위해서는 이 잉여코드를 반영하지 않으면 안 되는 상황입니다. 디지털 크라우드의 새로운 놀이터인 소셜 웹에서 성공적인 커뮤니케이션을 하기 위해서 잉여코드는 가장 기본이 되는 것 중 하나입니다.

잉여코드를 자유롭게 활용하려면 좀 더 깊은 이해가 필요합니다. 잉여코드의 대표인 병맛코드를 가지고 설명해보겠습니다. 평소 생활하면서 '이거 병신 같은데 왠지 멋있어.'란 감정이 드는 순간은 언제였나요? 제가 SNS에 점프하는 사진을 촬영해 올린다고 가정해봅시다.

첫 번째 사진을 업로드 했을 때 댓글이 달린다면 "이게 뭐지?"라고 하거나 "병신."이라고 욕할 겁니다. 다른 장소에서 점프하는 사진을 또 업로드 한다면 비슷한 댓글이 달리겠죠. 그런데 이런 포스팅을 매일같이 반복해서 2달을 계속한다면 어떻게 될까요? 독자들은 "왠지 병신 같은데…" 하면서 다음 포스팅을 기다리게 될 것입니다. 병맛이 제대로 깃든 거죠. 공중부양하는 소녀 사진으로 유명했던 작가, 하야시 나

츠미의 이야기입니다.[11] 그녀의 블로그 속 사진들은 전시되기도 하고, 사진집으로도 출간될 정도로 인기 콘텐츠가 되었습니다. 의미 없을 것 같은 콘텐츠를 지속적으로 포스팅하는 것, 병맛으로 성공하는 기본적인 콘텐츠의 특징입니다.

공중부양 사진 블로그

세계 곳곳을 돌아다니며 여행지에서 찍은 여자친구의 뒷모습 사진으로 유명해진 사진작가 무라드 오스만Murad Osmann과 나탈리 자카로바Nataly Zakharova 커플의 인스타그램[12]도 마찬가지입니다. 물론 잉여력이 높은 사람들은 하나의 콘텐츠로 충분히 병맛을 만들어내기도 하지만 대부분 지속적으로 꾸준한 포스팅으로 만들어내는 것이 더 일반적인 방법입니다. 그런데 기업들은 자꾸 하나의 콘텐츠에 승부를 걸어 병맛은커녕 소셜 웹의 사용자들로부터 비난받기 일쑤였습니다. 소셜 미디어를 활용해 고객과 소통한다는 것은 장기간의 커뮤니케이션이 필요하다는 것을 명심하기를 바랍니다.

여자친구 뒷모습 인스타그램

대중문화평론가 정석현은 병맛코드의 대중화에 대해 이렇게 이야기합니다. "병맛코드에는 일단 권위가 없다. 그들도 우리와 다르지 않고, 오히려 못할 수도 있다는 일종의 안도감이 즐기는 마음에 자리 잡는다. (…) 완벽하지 않은 모양새로 누구나 참여해 만들 수 있는 요소가 젊은이들과 잘 맞는 것 같다. 기존 체제의 관념을 아예 허무는 예측 불가의 특성도 장점이다."

보지 못했던 새로운 시각

기업들은 소셜 웹 커뮤니케이션에서 너무나 완벽한 콘텐츠를 제공하고, 또 역으로 고객들에게 완벽한 콘텐츠를 제공받기를 원했던 것이 아닌가 돌아볼 필요가 있습니다. 싼티, 촌티, 날티 나는 잉여 콘텐츠는 누구나 참여해 소통할 수 있는 놀이터라는 점을 이해하고, 고객이 즐겁게 참여할 수 있는 여지를 항상 남겨두어야 한다는 점을 명심해야 합니다. 그리고 '완벽하지 않은 모양새'는 고객들의 참여를 이끌어낼 때 중요한 부분이니 기억해둡시다.

막상 콘텐츠를 기획, 제작하는 상황이 되면 잉여코드의 적용이 막연하게 느껴질 수 있습니다. 한 가지만 기억합시다. 소셜 웹에서의 재미는 무조건 웃기려고 드립 치는 것이 아니라 '이제까지 보지 못했던 새로운 시각이 주는 뜻밖의 재미'라는 것을요. 바로 잉여코드의 새로운 시각입니다. 주류에서 벗어나 자유롭게, 다르게 보는 잉여코드의 시각을 기업들도 차용해야 합니다. 여기서 다르게 본다는 것은 '기업이 이전에 하지 않았던 것을 하는 것'입니다.

제가 한국지엠의 디지털 커뮤니케이션을 컨설팅했을 때의 일입니다. 당시 한국지엠의 블로그를 시작하면서 약 20명 정도의 임직원으로 구성된 사내기자단과 "시승기 콘텐츠를 어떻게 발전시킬 것인가?"라는 주제로 많은 회의를 했습니다. 먼저 기존의 시승기를 떠올려봅시다. 자동차를 잘 아는 기자, 자동차 커뮤니티 주인장, 파워블로거 등을 대상으로 시승차를 나누어 주면 평소 갈 일도 없는 자갈밭 같은 곳을 드라이브하고 와서 '스티어링이 가볍다.', '핸들이 가볍네.' 등등 이런 뜻 모를 이야기들로 가득한 리뷰를 떠올리게 되지 않나요?

한 달간 토론한 끝에 이전 기업이 하지 않았던 새로운 시승기2.0 아이디어를 정리해보았습니다. 누가 봐도 자동차를 잘 아는 사람인데 어렵게 설명하지 않을 사람을 시승자로 선정하자는 의견이 있었습니다. 누가 제일 먼저 떠오르나요? 택시기사님과 밤마다 다른 차를 모는 대리운전 기사님이 선정됐습니다. 그리고 그간 자동차회사에서 시승자로 선정하지 않았던 분들을 다양하게 섭외해 소셜 웹에서 뜨거운 반응을 얻으며 연재되었습니다. 또 당시 유행했던 'MBC 아빠 어디가'를 패러디해서 '장롱면허 엄마 어디가' 시승기를 진행했습니다. 이 시승기는 장롱에서 어머니가 면허증을 꺼내는 것으로 시작해서 마지막에는 딸과의 대화로 마무리지었죠. "아빠 오면 이 차 한 대 뽑자고 하자."

모 기업의 영업사원들의 명함에는 다른 직원들과 다르게 QR코드가 있습니다. 이 QR코드를 스캔하면 많은 분이 기업의 홈페이지로 연결될 것이라고 생각합니다. 그러나 기업 회장님의 영상이 나왔습니다. "지금 우리 회사의 ○○○ 대리를 만나보셨죠? 그 친구는…"으로 시작하는 영상은 회장님이 해당 직원을 소개하는 내용입니다. 이 영상을 보고 있으면 왠지 웃기면서도 재미있습니다.

EBS 인기 캐릭터 '펭수'도 기본적으로 잉여코드를 기반으로 한 커뮤니케이션이 대중에게 통한 것입니다. "묻고 더블로 가."라는 유행어를 남긴 영화 '타짜'의 곽철용, 빙그레의 공식 인스타그램[13]을 운영하는 '빙그레우스 더 마시스'[14]도 마찬가지입니다. 소셜 웹의 잉여코드를 활용해 기업들이 성공을 거두고 있습니다.

소셜 웹은 고객 입장에서 새로운 소통의 놀이터라고 했습니다. 기업이 고객들과 함께 놀고 싶다면 그들의 메시지를 담는 방식이자 발신자와 수신자가 공유하는 약속된 규약, 즉 코드를 이해하고 따르는 것은 당연지사죠. 기업들이 소셜 웹의 잉여코드를 이해하고 자신의 메시지에 반영하려는 노력이 따라야 합니다. 자, 이제 병맛을 즐길 준비가 되었나요?

다음 페이지에서는 두 번째 디지털 크라우드 컬처인 '있어빌리티'를 살펴보겠습니다.

디지털 크라우드 컬처 2:
선망의 기준, 있어빌리티

태국의 사진작가 촘푸 바리톤chompoo baritone의 작품 '인스타그램에 올라온 사진 밖의 사진'[15]이라는 작품을 아시나요? 인스타그램 속 허세로 많이 알려진 사진입니다. SNS는 허세가 가득한 세상이고, 거짓이 난무한다는 이야기가 많았죠. 그런데 사실 소셜 웹의 속성을 이해한다면 조금 다르게 생 각됩니다.

촘푸 바리톤의 사진

저는 제 페이스북에 주로 재미있는 장소, 맛집, 읽는 책 등을 인증하는 이야기나 사진을 올립니다. 한 번은 지인이 제게 물었어요. "넌 어쩜 그렇게 매일 좋은 곳에서 좋은 음식만 먹고 다니니?" 그날은 그분에게 소셜 웹을 알려드리고픈 마음이 생겨서 댓글을 달았습니다. "그럼 제가 집에서 찬밥에 물 말아 먹는 사진을 공유하면 어떨 것 같으세요? 보시는 분이 행복할까요? 올린 제가 행복할까요? 소셜 웹은 암묵적으로 좋은 것, 좋은 상황을 공유하는 것을 기본 규칙으로 한답니다."

소셜 웹은 일상에 지친 현대인들이 잠깐씩 쉬어가는 놀이터라고 할 수 있습니다. 이런 놀이터에서까지 지극히 현실적인 모습을 본다면 유쾌한 경험은 아닐 겁니다. 자기가 처한 진짜 현실 이야기도 쉽게 털어놓지 못하는 곳이죠. 자기 자신에게 좋았던 순간을 공유하는 것이 어쩌면 당연한 일이라 생각합니다.

사람은 누군가에게 선망의 대상이 되고 싶어 하는 기본적인 욕망이 있습니다. 그러나 현실은 냉혹합니다. 지금 누군가의 선망이 대상이 되지 않았으며, 문제는 앞으로도 그럴 일이 없다고 느끼게 하죠. 그래서 현실과는 다른 기준이 적용되는 소셜 웹에서 사람들이 짧게라도 선망의 대상이 되어보고자 하는 것입니다. 현실은 외모, 명예, 학벌, 재산 등이 기준이지만 새로운 놀이터에서는 그곳의 규칙에 맞추어 남들보다 더 병맛스럽고 잉여롭게 잘 노는 능력이 기준이 됩니다.

있어빌리티는 '있다.'와 능력을 뜻하는 영어 단어 '어빌리티ability'를 결합한 신조어로 이러한 배경을 담고 있습니다. 초기에는 부정적 허세를 이야기하는 부분도 있었으나 이제는 소셜 웹에서 자신을 포장하고 연출하는 브랜딩의 기술처럼 중요한 능력이 되었습니다. 있어빌리티를 허세, 거짓, 사기라고 몰아붙이면 소셜 웹의 재미를 제대로 이해하기 어렵습니다. 있어빌리티는 소셜 웹에서 선망의 대상이 되는 주요한 기준 중 하나니까요.

있어 보이는 주체가 누구인가

기업들은 있어빌리티를 얼마나 이해하고 있을까요? 기업들이 인스타그램에서 많이 진행하고 있는 인증샷 이벤트를 생각해봅시다. 해시태그를 부여하고 제품을 사용한 인증샷을 요구하는 이벤트가 가장 보편적으로 진행되는 방식입니다. 참가자들은 해당 제품이 잘 보이도록 정면으로 들고 인증샷을 찍어 해시태그와 함께 올리며 이벤트에 참여합니다. 여러분들은 이런 인증샷들을 인스타그램에서 보게 된다면 '좋아요'를 누르거나 '댓글'을 달거나 '리그램'을 하나요? 이런 생각만 들죠. '아, 또 인증샷 이벤트를 하는구나.'

　사용자들은 이런 인증 이벤트의 참가자들을 보면서 '있어 보인다.'고 생각하지 않습니다. 경품으로 커피 한 잔, 무료 탄산음료를 받기 위해 기업의 제품을 노출하며 인증하는 것은 소셜 웹이란 놀이터에서 없어 보이는 행동이라 생각합니다. 결국 기업은 참가자들의 있어빌리티를 무시하고, 그 기업은 도리어 참가자들마저 없어 보이게 만든 것입니다. 그나마 기업이나 제품에 호감을 가지고 참여한 고객의 있어빌리티를 다 무시하고서 만든 참여의 결과물도 다른 사용자들에게 없어 보입니다. 그야말로 이벤트를 진행한 기업, 이벤트에 참가한 고객 모두 없어 보이는 상황을 연출한 것입니다. 너무 비약했나요?

KFC는 여름휴가를 떠나지 못하는 고객들을 위해 'Fakation 캠페인'[16]을 진행했습니다. 여름 휴가지의 멋진 풍경 사진이 인쇄되어 있는 종이를 트레이에 깔아 음식과 내준 거죠. 이 종이를 활용해서 인스타그램에 올리고 해시태그를 달아달라는 요란한 이벤트 대신 트레이 종이를 배경으로 가짜 인증샷을 찍는 방법만 알려주고는 소셜 웹에서 그들의 있어빌리티를 유지할 수 있도록 해주었습니다. 기업이 고객 참여 이벤트를 진행할 때는 참여의 결과물이 일반 사용자 입장에서 선망의 대

 KFC 캠페인

상이 되어야 함을 반드시 명심해야 합니다.

참여의 결과물을 있어 보이게 한 국내 사례를 살펴봅시다. 빙그레 바나나맛우유의 #채워바나나 이벤트[17]와 '마이스트로우 이벤트'[18]입니다. '#채워 바나나' 이벤트는 우유 용기에 인쇄된 'ㅏ ㅏ ㅏ맛 우유'에 고객이 직접 자음을 채워 메시지를 완성하는 방식이었죠. 고객들은 '잘나가맛 우유', '반해라맛 우유' 등 다양한 아이디어를 담은 인증샷에 '#채워바나나' 해시태그를 붙여 SNS에 업로드 했습니다.

'마이스트로우' 캠페인은 바나나맛 우유를 음용할 때 빨대를 사용하는 비중이 높다는 것에 착안해 MZ세대가 즐길 수 있는 이색 빨대 5종을 개발했습니다. 이를 사용하는 온라인 영상 광고를 실시하고 한정 판매하는 방식의 이벤트였죠. 온라인 광고 등 관련 영상은 5,000만 건이

넘는 조회 수를 기록했으며, 이색 빨대는 일주일 만에 준비한 3만 개 수량이 전량 판매되며 큰 인기를 끌었습니다.

여러분이 두 캠페인에 각각 인증샷을 올렸다고 가정해봅시다. '#채워바나나'에 인증샷을 올리면 참가자가 있어 보입니다(물론 'ㅏㅏ맛 우유'의 자음을 잘 채워 넣었을 때겠죠). 반면 '마이스트로우' 이벤트는 이색 빨대를 구해 인증샷을 올리면 참여자보다 빨대가 더 있어 보입니다(두 캠페인은 모두 성공했지만, 있어빌리티를 설명하기 위해 인용합니다). '누구를 있어 보이게 만드느냐?', 즉 있어 보이는 주체에 대해서도 생각해볼 필요가 있습니다. 이러한 디테일마저 중요하게 다루어야 합니다.

디지털 크라우드 컬처 3:
자발적 인증, 인스타워시

한 걸그룹은 곡이 발표되고 3개월이 지나고 나서 순위에 진입하는 역주행으로 음원차트 1위를 차지했습니다. 한 팬이 촬영한 직캠(팬들이 직접 찍은 영상) 덕분이었죠. 직캠에는 대중이 놓쳤던 걸그룹의 매력적인 모습이 담겨 있어서 입소문을 타고 알려진 것입니다.

인기배우 더스틴 호프만은 자신을 쫓는 파파라치들에게 화내거나 항의하는 대신 기둥 뒤에 숨어 카메라를 살피는 익살스러운 모습이 찍혀 소셜 웹을 통해 건재함을 다시 한 번 알렸습니다. 이렇듯 유명인이 다른 사람들의 카메라에 찍혀서 자연스럽게 소셜 웹에 전해지고 확산되는 경우를 종종 찾아볼 수 있습니다. 이런 경우 의도적으로 만들고 계획적으로 진행하는 경우보다 파급력이 훨씬 더 큽니다. 소셜 웹에서 자발적인 콘텐츠가 전파에 더욱 효과적이라는 이야기입니다.

디지털 크라우드는 자신의 경험을 타인에게 공유함으로써 자신의 정체성을 표현하고자 하는 경향이 있습니다. 그래서 자신이 먹은 음식, 즐기는 놀이, 읽고 있는 책, 반려동물의 사랑스러운 모습 들을 자발적으로 SNS에 공유합니다. 다만 그 공유거리가 자신의 있어빌리티에 긍정적인 영향을 줄 수 있어야 합니다. 자신을 없어 보이게 만드는 것들을 공유하는 사람은 드물겠죠.

인스타워시Insta-worthy는 인스타그램과 '~할 자격이 있는'을 뜻하는 worthy의 합성어로 인스타그램에 올릴 만한 가치가 있는, 즉 '인스타그램에 올리면 나의 있어빌리티가 높아질 만한'이라는 의미입니다. 동의어로는 인스타그래머블Instagramable, 일본어로 '인스타그램インスタグラム'과 사진발 '샤신바에写真映え'를 합성한 '인스타바에インスタ映え'라고 합니다. 우리말로는 '인스타각' 정도가 있습니다.

기업들이 자신의 제품이나 서비스를 소셜 웹에 노출하기 위해 그간 많은 노력을 쏟아부었습니다. 사진작가가 찍은 멋진 사진을 광고나 이벤트를 통해 퍼뜨려보았으나 고객들에게 환영받거나 공감을 불러일으키기에는 부족했습니다. 외면받기도 했고요. 그럴수록 고객들의 인스타워시 속성을 주목할 필요가 있습니다. 그들이 스스로 찍어 올린 콘텐츠를 자발적으로 공유하고 확산하는 분위기를 만들어주어야 한다는 것입니다.

물론 기업들은 UCC나 인증샷 이벤트로 그간 고객들의 콘텐츠 제작, 확산을 독려한 바가 있습니다. 하지만 그것은 사용자가 자발적으로 참여했다기보다 기업이 제시한 가이드에 따라 고객이 끼워 맞춘 식의 이벤트가 대부분이었습니다. "아이가 제품을 마시는 사진을 촬영하고 간단한 평을 달아 본인의 SNS 계정에 등록해 그 주소를 댓글로 알려주세요." 고객 사진 콘테스트와 같은 고객 참여 이벤트에서 많이 볼 수 있는 지시사항입니다. 결과물은 어색하기 그지없어 소셜 웹에서 공유될 가치나 명분이 없습니다. 고객이 기업의 콘텐츠를 공유했을 때 자신의 있어빌리티를 보장받을 수 있어야 자발적으로 공유한다는 이야기입니다.

'완벽한 인스타그램용 카페'[19]라는 입소문이 난 카페가 있습니다. 연남동에 있는 이 카페는 의자부터 바닥, 벽면까지 카페 내부 모든 곳에 그림을 그려서 마치 그림책에 들어가 있는 듯한 착각이 듭니다. 카페 내부를 촬영하면 2차원의 그림 같은 느낌이 더욱 들죠. 워낙 사진을 찍기 좋은 카페인 까닭에 손님이 끊이질 않습니다.

전남 곡성군 겸면 백련저수지 옆에 있는 나무계단은 SNS를 통해 '천국의 계단'[20]으로 알려지면서 관광객들의 발길이 연일 이어지고 있습니다. 이렇게 인스타워시한 곳은 사람들이 먼저 알고 찾아옵니다. 미국 패스트푸드 체인 소닉Sonic은 세계 최초 인스타그램용 정방형 셰이크를 출시했습니다.[21] 정방형 셰이크는 인스타그램에서 있어 보이는 게시물이 되도록 맞춤 제작되

 인스타그램용 셰이크

었습니다.

여러분이 오프라인 행사를 기획한다면 참가자들의 동선을 따라 특정 지점에 사진을 찍어서 SNS에 올리지 않고는 못 배길 만한 스폿을 만들어보세요. 이벤트 경품을 제공할 때도 단순히 비싼 경품보다 본인의 SNS에 찍어 올리고 싶은 욕구를 자극하는 상품을 주세요. 제품 또는 공간을 만들거나 이벤트를 기획하거나 사람들을 모으고 입소문이 나길 원한다면 인스타워시에서 자유로울 수 없습니다. 인스타워시는 '인스타그램에 올릴 만한 가치가 있는'에서 '소셜 웹에 올릴 만한 가치가 있는'으로 확장되었습니다.

인스타그램에 최적화한 환경

한 가지를 더 살펴봅시다. 고객들이 스스로 제작한 콘텐츠가 확산할 수 있도록 최적화된 재료를 함께 제공해주어야 합니다. 앞서 언급한 걸그룹의 직캠 성공 사례에 힘입어 요즘 아이돌 그룹들은 신곡이 나오면 사람이 많이 모이는 명동, 홍대 등에서 발표 공연을 진행하기도 합니다. 사람들에게 찍히기를 바라면서 별도의 직캠용 안무까지 만든다고 하죠. 이처럼 고객의 환경에 최적화된 콘텐츠를 준비해야 합니다.

이런 사례도 있습니다. 일반적으로 미술관에서 사진 촬영은 금지입니다. 주로 저작권 문제 때문이지만 촬영 중 플래시를 터뜨리면 작품이

망가지고 다른 관람객의 관람을 방해할 수 있기 때문입니다. 그러나 최근에는 오히려 관람객들의 사진 촬영을 반기는 작가나 전시회가 늘고 있다고 합니다. 아무래도 관객이 직접 홍보하는 효과를 노려서겠죠. 그들에게 일부분이라도 촬영을 허가해 사진을 찍어 올릴 수 있는 권한을 주는 것은 좋은 생각입니다.

"차 전체를 대각선으로 찍으면 차가 더욱 입체적으로 보이는 효과가 있습니다." 서울 모터쇼에서 한국지엠이 관람객에게 제공한 모바일 콘텐츠의 내용입니다. 모터쇼를 보러온 관람객이 차를 잘 찍을 수 있는 팁을 알려줌으로써 촬영을 독려한 것입니다. 자발적으로 고객들이 콘텐츠를 제작할 수 있는 자연스러운 기회를 제공하려면 콘텐츠의 확산에 관여하거나 구체적인 규정을 만들어선 안 됩니다. 그리고 고객들이 제작한 콘텐츠가 공유될 만한 가치가 있도록 재료를 함께 제공해야 합니다. 다음 사례를 살펴봅시다.

5만 달러를 어린이 기금으로 기증하면 영화 '캡틴아메리카: 시빌워' 촬영장에 초대받는 이벤트가 있었습니다. 적지 않은 돈이지만 초대받은 사람은 기부 후에 멋진 이벤트에 참가하는 자신의 모습과 캡틴아메리카 촬영장 방문을 자랑스럽게 촬영하고 자랑할 것입니다. 이 이벤트는 아주 빠른 시간에 매진되었고, 훈훈한 기부 이야기는 널리 확산되었죠.

여러분의 브랜드나 제품, 서비스가 고객들에게 얼마나 자연스럽게 찍히느냐가 중요합니다. 기업이 나서서 직접 만들고 확산하는 콘텐츠보다 고객들이 자발적으로 제작하고 홍보하고 확산하는 환경을 만들고 제공하는 데 에너지를 쏟아야 합니다.

디지털 크라우드 컬처 4:
참여를 유도하는 덕후코드

홈쇼핑 '오덕후의 밤'에서 건담을 판매한 영상을 보고 건담 덕후들이 분노했습니다.[22] 쇼호스트가 건담 프라모델 조립이 쉽다는 것을 보여주려고 방송에서 조립하다가 실수한 것이죠. 중간 단계에서 조립품을 공개했는데 건담의 몸통이 앞뒤가 바뀌었습니다. 심지어 주먹은 거꾸로 되어 있었습니다. 결국 건담 덕후들은 건담도 모르면서 판매한 홈쇼핑을 비난했습니다.

이마트 일렉트로마트의 피규어 전시도 비슷합니다. 직구에서 중고시장까지 가격을 꿰차고 있는 피규어 덕후들에게 판매가 설정부터 전시 모습까지 모두 어설퍼 보입니다. 덕후를 대상으로 마케팅이나 판매를 기획한다면 덕질의 대상과 덕후의 특성에 대한 이해가 우선되어야 합니다.

'덕후'라는 말은 '오타쿠'에서 시작되었습니다. 오타쿠는 하나의 사물이나 장르에 심취해 그것만 매진하며 연구하고 찾아다니는 사람을 의미합니다. '오타쿠'는 일본어로 '당신'이라는 의미의 이인칭 대명사로 상대편을 높여 부르는 말이었습니다. 초창기 만화나 애니메이션 등 서브컬처에 심취한 이들이 이야기를 나누면서 "당신은 ○○○ 작품에 대해서 어떻게 생각하시나요?", "×××에 대한 당신의 의견은?"과 같은 질문을 쏟아내면서 당신이라는 의미의 오타쿠가 자주 사용된 것에서 비롯됐다는 설이 있습니다.

오타쿠는 1983년 저널리스트 나카모리 아키오가 건담, 루팡 3세의 팬들이 이상할 정도로 열광적인 행동으로 논란을 일으키자 '최근에 몹시 눈에 거슬리는 세기말적으로 어두운 마니아 소년들'로 그들을 명명하면서 오타쿠를 병 또는 환자로 보기 시작했습니다. 이후 1988~1989년 사이에 4명의 유아를 유괴 살인한 미야자키 츠토무의 집에서 각종 피규어와 4,000개 정도의 비디오테이프가 발견되자 각종 미디어에서 그를 오타쿠라 정의하고 오타쿠식 범죄로 보도했습니다.

이를 접한 대중에게는 부정적 이미지가 각인되었죠. 그래서 오타쿠는 마니아란 말과 비교해 상대적으로 부정적인 맥락에서 많이 사용되었습니다. 이런 오타쿠 문화가 국내에서는 '오덕후'라는 신조어로 불립니다. 오덕후 역시 초기에 부정적인 이미지가 강했습니다. 그러나 최근 유명인들이 자신이 덕후임을 공개하고, 몇몇의 성공한 덕후들이 등장하면서 덕후의 부정적 이미지는 점점 희석됩니다. 그러다 의미가 확대되어 '특정 취미에 해박한 사람', '특정 분야의 전문가'라는 긍정적 의미를 포괄하게 되었습니다.

새롭게 변화한 한국의 덕후는 음지에서 벗어나 새로운 영향력자로 자리매김합니다. 전통적인 오타쿠처럼 관심 대상을 좋아하고 수집하는 것이 아니라 공유를 통해서 자신을 표현하고자 덕질 합니다. 그들은 출판, 방송 등 기존의 미디어와 블로그, SNS, 유튜브 등의 뉴미디어를 넘나들며 자신의 덕질을 알리고 커뮤니케이션에 활용하는 것에 능합니다.

"용산 4DX SCREEN X관의 명당은 어디인가요?"[23] 이 질문에 영화 덕후들은 이렇게 답합니다. "몰입감 있게 빠져들고 싶으면 F열, 전체적 스크린을 다 하나하나 보고 싶으면 H열, 둘 다 밸런스 있는 관람은 G열, 스크린 X관은 부가적인 몰입을 추구하는 하나의 도구로 보기에 F열 선택 ㅎㅎ" 그렇습니다. 덕후는 실제적인 경험과 정보를 제공하는 전문가로 진화했습니다.

덕후의 속성

"취향이니까 존중해주세요."라고 말하는 '취존 시대'입니다. 바꿔 말하면 제대로 된 취향이 없으면 없어 보이는 시대가 되었습니다. 소셜 웹이라는 공간에서 있어빌리티를 얻기 위해서는 남들과 다른 취향 하나 정도는 있어야 하는 세상이죠. 사람들이 이제까지 보지 못했던 새로운 취향을 찾기 위해 취미를 세분화하기 시작했습니다. 이미 각 분야에서 전문성을 쌓고 있었던 덕후와 대중이 만나는 지점입니다.

대중은 덕후가 되고 싶어 하지도 않고 또 웬만한 노력으로는 덕후가 될 수도 없음을 잘 알지만, '덕후의 경험'만큼은 간절히 원합니다. 따라서 새로운 취향의 선구자로서 덕후의 영향력이 커지고 있습니다. 나아가 덕후코드는 앞서 '잉여코드'와 유사한 진화 단계를 거쳐 디지털 상에서 놀이의 코드가 되었습니다. 기업이 고객들에게 쉽고 익숙한 놀이를 제공하고 싶다면 덕후코드를 적극적으로 활용할 줄 알아야 합니다. 먼저 덕후는 어떤 속성을 지닌 사람인지 살펴봅시다.

노무라종합연구소 〈오타쿠 시장의 연구〉에 따르면 오타쿠들은 '자기 가치관에 따라 금전과 시간을 우선적으로 배분하는 소비 행동', '자기식 해석에 근거한 세계관의 재구축과 2차적 창작 활동'을 반복하면서 이상향을 추구합니다. 이들은 6가지 행동 패턴인 오타쿠 인자를 가지는데, 그 속성을 하나씩 살펴보겠습니다.

첫째로 오타쿠는 수집 욕구가 있습니다. 관심 대상에 대한 정보나 상품 등을 수집하려는 욕구가 있으며, 덕질을 시작할 때는 모든 것을 갖춤으로써 우월감을 느끼고 싶어 합니다. '오타쿠 산업에 불황은 없다.'는 속설을 증명해주듯 그들의 수집 욕구에는 한계가 없습니다.

둘째는 공감 욕구가 있습니다. 자신이 관심 있는 대상을 남에게 공감받고 싶어 하는 욕구입니다. 덕질의 동지를 구함과 동시에 다른 사람들의 관심과 주목을 받기를 원하는 욕구입니다. 따라서 자신의 관심 대상을 널리 알리거나 때에 따라서는 강요하기도 하는 욕구입니다.

셋째는 자율 욕구가 있습니다. 관심사에 대한 자신만의 평가 기준이나 해석을 가지고 있으며, 그것을 기준으로 판단하고자 하는 욕구입니다. 타인의 생각, 의견을 반영하지 않는다는 이야기죠. 자신만의 관점을 구축하기 위해 학습하고 정보를 수집합니다. 관점이 완성되면 다른 창작에서 창의력으로 발휘될 수 있습니다.

넷째는 귀속 욕구가 있습니다. 관심사와 가치를 함께 나눌 수 있는 집단을 만들거나 그 집단에 속하고 싶어 하는 욕구입니다. 다른 사람들의 이해보다는 자신과 공통 관심사를 같이 나눌 소규모 집단만 있으면 만족하는 심리입니다. 그들은 커뮤니티를 운영하고 구성하는 능력이 뛰어납니다. 이 능력은 디지털 기술을 만나 그 영향력을 점점 더 확대하고 있습니다.

다섯째는 과시 욕구가 있습니다. 자신의 관심사와 수집한 정보, 상품 등을 세상에 알리고 싶어 하는 욕구입니다. 그들은 비난받을지언정 끊임없이 자신이 소유하고 있는 것에 대한 가치와 관심 작품에 대한 자신의 평가를 세상에 과시해 부러움의 대상이 되고 싶어 합니다. 자신들이 관심을 가지는 주제에 깊이 파고들어 해당 분야의 지식을 소유하고 거기에 대한 오피니언 리더가 되고 싶어 합니다.

여섯째는 창작 욕구가 있습니다. 관심사에 자신만의 관점이나 해석을 기초로 제2차 창작물을 만들거나 자신만의 새로운 창작을 하고자 하는 욕구입니다. 그들의 창작물은 오타쿠의 축제나 이벤트, 아니면 개인 미디어를 통해 공개하고 공유됩니다.

이들 오타쿠의 속성은 '덕후'의 속성을 이해하는 데 도움이 되는 요소들입니다. 여기에 덕후의 특성을 몇 가지 추가해보면 다음과 같습니다. 덕후들은 '개방적이고 적극적인 소통'을 원합니다. 오타쿠는 그들의 공통 관심사로 집단을 형성하고 그들끼리의 소통에 만족했다면, 덕후는 좀 더 개방적이고 적극적인 커뮤니케이션으로 세를 확장하고자 합니다. 심지어 덕후들의 덕질에는 자신이 좋아하고 흥미 있는 것을 넘어 남에게 어떻게 보이고 싶은가에 대한 고민이 반영됩니다. 이는 사람들을 쉽고 빠르게 연결하며 커뮤니티를 만들 수 있는 IT 기술의 발전에 기인합니다.

덕후들은 또 '다수의 덕질'을 합니다. 대부분 한 분야를 덕질한 경험으로 다른 분야의 덕질에 쉽게 빠집니다. 영화 덕질에서 드라마 덕질로, 건담 덕질에서 트랜스포머 덕질로 다수의 덕질에 빠질 확률이 높습니다. 저만 해도 건담, 영화, 추리 덕후입니다.

마지막으로 덕후들은 '덕업일치', 즉 덕질과 직업이 일치해 자신이 좋아하는 일을 직업으로 삼는 삶을 이루고자 합니다. 개성과 취향이 강조되는 요즘, 덕질이 자신을 차별화하는 강점이기도 하죠. 덕질이 곧 업이 되어 성공한 덕후들이 조명받으면서 그들의 능력이 진가를 발휘하고 있습니다. 덕질이 이제는 전문적인 능력으로 우대받기 시작했습니다.

덕후이거나 덕후의 경험을 하고 싶거나

지금부터 기업의 덕후 활용법을 살펴보겠습니다. 덕후코드를 활용해 대중을 움직인 애니메이션이 있습니다. 일본 애니메이션 '너의 이름은' 은 100억 엔이 넘는 초대박 흥행 돌풍을 일으켰습니다. 일본의 애니메이션 작품들은 대중적으로 성공을 거두는 경우가 많지만 대부분 오타쿠 장르의 문법을 제거하고 대중적 감수성으로 접근한 지브리스튜디오의 작품이었습니다.

'너의 이름은'은 지브리스튜디오의 작품이 아니며, 신카이 마코토 감독이 데뷔작인 '별의 목소리'에서 설정한 세카이계의 연장선상에서 오타쿠 장르의 문법을 기반으로 만든 애니입니다.[24] 지브리스튜디오의 작품도 아니고 오타쿠 장르의 애니메이션이 대중적 인기를 끌었다니, 성공의 비결은 무엇일까요? 오타쿠에게 익숙한 장르적 문법을 '새롭게' 해석함으로써 대중적 성공을 거두었습니다. 예전처럼 오타쿠 코드를 활용해 오타쿠를 겨냥한 것이 아니라, 오타쿠 코드를 이용해서 대중을 상대로 하니 성과가 좋았다는 것입니다.

덕후를 활용한 마케팅 사례는 많습니다. '2D 극장에서 한 번, IMAX

관에서 한 번, 4DX관에서 한 번…' 영화 덕후 커뮤니티에서 자주 등장하는 게시물입니다. 같은 영화를 여러 번 보는 N차 관람을 가리키며, 이는 과거에는 보편적인 일이 아니었습니다. 영화 배급사들은 이런 영화 덕후의 자랑질을 이용해 최다 관람 이벤트를 벌여 대중의 마음을 움직였습니다. 영화 '늑대소년'이 배우의 극 중 의상을 경품으로 내걸고 최다 관람 이벤트를 진행했습니다. 이를 시작으로 다른 영화 배급사들이 이런 이벤트를 진행하면서 대중들도 같은 영화를 여러 번 보는 것에 그리 거부감을 갖지 않게 되었습니다. 오히려 N차 관람하는 사람을 영화에 조예가 깊은 사람으로 생각하게 되었으며, 자신도 좋아하는 영화에 N차 관람을 희망하게 되었죠.

그렇다면 우리는 덕후코드를 어떻게 마케팅에 활용할 수 있을까요? 덕후 마케팅을 기획할 때는 덕후를 잘게 쪼개 살펴봐야 합니다. 예를 들어 '철도 오타쿠'가 마케팅 대상이라고 하면 철도 사진만 찍는 '사진 촬영 오타쿠', 타는 경험을 좋아하는 '탑승, 여행 오타쿠', 열차에 관심이 있는 '차량 연구 오타쿠', 기차 모형을 수집하는 '철도 모형 오타쿠', 기차에서 판매되는 도시락에 관심이 있는 '도시락 오타쿠' 등 세부 분야로 나누어 이해하고 타기팅 해야 합니다. 철도라는 큰 주제를 세부적으로 살펴보면 관심사, 정보, 수집 대상이 완전히 달라지기 때문이죠.

또한 덕후 집단에서 자주 이루어지는 고수, 중수, 하수 구분 짓기 놀이에 주목해보세요. 그 놀이를 찾아 대중을 겨냥하면 덕후의 경험을 원하는 대중은 스스로 참여할 것입니다. 그러기 위해서는 먼저 기업의 업과 관련한 덕후들을 찾아 그들만의 놀이를 관찰해야 합니다. 예를 들어 자동차 세차 덕후들을 모아놓고 그들에게 고수, 중수, 하수를 구분 짓는 방법을 인터뷰했다고 가정해보죠. 덕후들은 말합니다.

"세차를 마치고 난 후 자동차 보닛 위에 물방울을 굴려 빨리 미끄러져 내려오는 순위로 결정합니다." 기업은 여기서 착안해 '물방울 굴리기 대회'를 기획해서 고객을 대상으로 참여 이벤트를 열 수 있습니다. 자동차를 가지고 있다면 '세차 덕후의 경험'을 통해 인정받고 싶어 하는 사람이 많을 테니까요.

이처럼 덕후를 취향의 영향력자로 활용하거나 덕후와 협업할 때는 그들의 특성을 이해하고 그에 맞게 준비해야 합니다. 덕후는 기업보다 그 브랜드와 제품을 더 잘 알 수 있는 존재이기 때문입니다. 그들이 등 돌리면 기업에게는 치명적입니다. 이런 사례가 있었습니다.

"이번 8편은 그야말로 참극이다. 루크 스카이워커와 제다이의 유산 legacy을 완전히 짓밟았다. 스타워즈를 그동안 사랑했던 팬들의 희망을 뭉갰다. 30년간의 스토리들을 그냥 무시했듯이 우리는 이번 8편을 주요 목록에서 공식적으로 빼줄 것을 요청한다. 9편 제작을 연기하고 8편을 다시 제대로 만들고 루크 스카이워커의 유산과 캐릭터와 명예를 살리기 바란다."[25]

'스타워즈 에피소드8: 라스트 제다이' 개봉 후 스타워즈 덕후들이 '라스트 제다이'를 스타워즈 시리즈로 인정할 수 없으니 시리즈에서 제외하라는 청원이 일어났습니다. 그들은 스타워즈 세계관에서 어긋난 내용들을 조목조목 열거했고, 심지어 감독을 스타워즈를 본 적이 없는 예의 없는 사람이라며 몰아세우기까지 했습니다. 이 청원은 받아들여지지 않았고 감독이 직접 해명 인터뷰를 했지만 변명에 가까웠죠. 이후 스타워즈 덕후들은 스타워즈 외전인 '한솔로'의 개봉을 앞두고 대대적으로 보이콧을 선언해 실제 흥행에 영향을 주었습니다.[26]

지금까지 고객들의 자발적인 참여를 유도하고 공감을 얻을 수 있는 디지털 크라우드 컬처 4가지를 살펴보았습니다. 소셜 웹이라는 공간과 새로운 놀이의 재미가 조금은 느껴지시나요? 사실 그간 기업들이 소셜 웹에서 고객과의 소통을 원했다고 한다면 이 규칙들을 어느 정도 이해하고 활용했어야 합니다. 브랜드 팬덤을 구축할 때 디지털 크라우드 컬처를 적용하는 부분이 많으니, 이제부터라도 관심을 갖고 살펴보길 바랍니다.

고객은 이미 떠들 준비가 되었고 그들의 영향력도 커졌습니다. 이에 기업은 고객이 자유롭게 이야깃거리를 나눌 판을 만들고 장기적으로 긍정적인 관계를 유지해야 합니다. 4장에서 본격적으로 고객을 지지자로, 지지자를 팬으로, 팬을 연결해서 문화를 만들어 브랜드 팬덤을 구축하는 방법에 대해 알아보겠습니다.

4장
스노우볼 팬더밍 서클에
올라타라

:
팬덤을 구축하는 5단계 프로세스

기업이나 브랜드는 어떻게 고객에게
강렬한 경험을 제공할 수 있을까요?
한 번의 강렬한 경험보다는 지속적으로
좋은 경험을 제공하는 것이 중요합니다.
팬의 호감을 살 수 있는 좋은 경험들을
축적해가는 것, 즉 단계별로 팬을 육성하는
스노우볼 팬더밍 서클의 설계가 뒷받침되어야 합니다.

팬덤은 하루아침에
형성되지 않는다

기업들은 일반적으로 브랜드 팬덤을 얻기 위해 주로 서포터즈를 모집합니다. 서포터즈를 선발한 후 대략 6개월간 활동하고 나면 해단식과 함께 해산합니다. 그다음은 무엇을 할까요? 네, 서포터즈 2기를 선발해서 또 6개월간의 활동을 진행합니다. 마찬가지로 또 해산하고 3기를 이어갑니다.

1기를 마친 서포터즈 중 일부 인원이 서포터즈 활동이 너무 즐겁고 브랜드에 대한 관심이 커져도 기업은 대부분 다음으로 나아갈 단계를 준비하고 있지 않습니다. 좋은 경험을 지속적으로 쌓아갈 기회, 즉 지지자에서 팬으로 레벨 업 할 기회를 제공하지 않는 것은 큰 문제입니다.

앞서 언급했듯이 기업의 팬은 한 번의 강렬한 경험으로 만들어지는 경우가 드뭅니다. 브랜드에 관심을 갖고 브랜드를 경험한 후 지지자로 나아갑니다. 그 지지자들을 더 많이 참여시키고 육성하면 팬이 되기까지 장기간의 과정이 필요합니다. 따라서 기업이 브랜드 팬덤을 구축하려면 단기적인 코스를 누적해 단계별로 육성하는 전체적인 설계가 뒷받침되어야 합니다.

브랜드 팬덤을 구축하는 프로세스, 즉 스노우볼 팬더밍 서클Snowball Fandoming Circle은 5가지 단계로 구성됩니다. 브랜드의 참여와 경험을 통해 지지자들이 활동할 저변을 만드는 기본 단계인 '저변 만들기Basing'를 시작으로, 브랜드나 제품에 대한 지지자들을 찾아내는 '지지자 발굴Digging' 단계, 발굴한 지지자들과 브랜드, 그리고 지지자와 지지자를 서로 연결하는 '지지자 연결Connecting' 단계, 연결된 지지 세력을 팬으로 육성하는 '육성Nurturing' 단계, 마지막으로 육성을 통해 새로운 등급을 부여받는 '승급과 보상Promoting' 단계로 이루어집니다.

승급 단계에서 다시 육성 단계를 거치면 다음 지위를 얻게 되는 순환 구조가 형성됩니다. 이렇게 전체 서클을 한 바퀴 돌고 나면 그들만의 팬덤 문화가 다른 고객들에게 영향을 미치고 저변을 확장하는 순환 서클이 형성되죠. 즉, 큰 서클이 순환할수록 브랜드 팬덤은 저변이 넓어지고 육성과 승급의 작은 서클이 순환할수록 브랜드 팬덤의 깊이가 깊어집니다. 마치 언덕 위에서 굴린 작은 눈덩이가 지속, 반복적으로 뭉쳐져 큰 눈덩이가 되는 것처럼 말입니다.

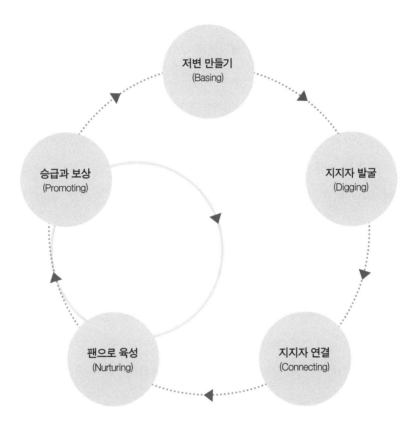

그림3 스노우볼 팬더밍 서클(SFC)

입소문인 척, 못한다!

2020년 4월 공정거래위원회의 〈추천·보증 등에 관한 표시·광고 심사 지침〉 개정안에는 경제적 이해관계를 구체적으로 알리는 표시 문구를 해당 SNS 콘텐츠(추천·보증 내용)와 근접한 위치에 쉽게 인식할 수 있는 문자와 음성 등으로 표시해야 한다는 원칙을 담았습니다.

기업이 인플루언서를 활용한 입소문, 즉 바이럴 마케팅이 이전과 같은 효과를 거둘 수 없게 된 것이죠. 꼭 그 이유뿐만이 아니더라도 고객이 자발적으로 입소문을 내는 것보다 좋은 마케팅은 그리 흔치 않기 때문입니다. 따라서 브랜드 팬덤 구축에 관심이 없거나 여력이 없는 기업이라도 고객이 스스로 제품과 서비스에 대해 긍정적인 입소문을 내고 브랜드를 경험하게 하는 '저변 만들기'는 꼭 살펴봐야 합니다.

브랜드 팬덤을 구축하는 1단계인 저변 만들기는 고객이 자발적으로 참여하고 스스로 떠들 기반을 만드는 것입니다. 즉, 기업이 고객에게 제품과 서비스를 잘 알리고 활용하게 하고 만족시키는 것을 시작으로 다양한 소셜 웹의 기법들을 활용해 전달하는 것입니다. 그리고 고객의 긍정적인 경험이 제품 후기 등 자발적인 콘텐츠 제작으로 연결될 수 있도록 독려하는 것이죠. 이렇게 만들어진 콘텐츠들은 고객들의 구매 결정 여정에 효과적인 영향을 미칠 수 있도록 발견되고, 검색되며, 연결되어야 합니다. 앞서 기업 중심의 커뮤니케이션에서 고객 중심의 커뮤니케이션으로 전환하기 위한 첫 번째 걸음입니다.

브랜드 팬들은 제품과 브랜드 정보를 수집하고 분석하고 공유합니다. 그리고 제품을 구매합니다. 이후 브랜드 팬들끼리 제품에 대한 사용 경험을 축적하고, 공유하고, 질의와 응답을 통해 집단적으로 그들만의 사용가치를 발굴하고 이를 전파합니다. 기업은 이러한 브랜드 팬덤을 이해하고 고객들이 긍정적인 사용가치를 도출하도록 정확한 정보를 제공하고 경험을 축적하는 것에 신경 써야 합니다. 이러한 일들을 준비하는 단계가 바로 '저변 만들기'입니다.

현재 기업들은 스노우볼 팬더밍 서클에서 대부분 지지자 발굴과 지지자 연결 정도의 과정을 대상만 바꾸어가며 반복하는 상황입니다. 저변 만들기부터 튼튼하게 기반을 다져야 안정된 순환 구조를 만들 수 있습니다. 지금부터 브랜드 팬덤을 구축하는 5단계, 스노우볼 팬더밍 서클을 한 단계씩 살펴보도록 하겠습니다.

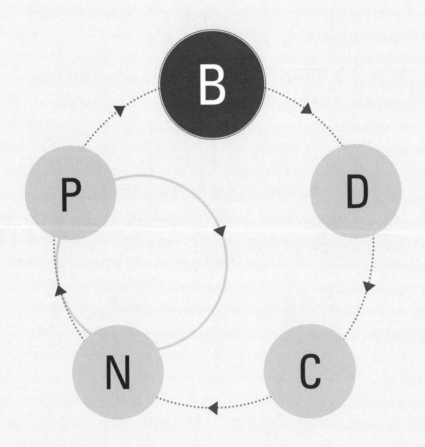

SFC 1단계:
저변 만들기(Basing)

저변 만들기는 크게 4단계로 구성됩니다. 첫 번째 기업의 업이나 제품의 가치를 정의해 고객에게 전달할 메시지를 정확히 규정하는 단계입니다. 두 번째 고객에게 이야깃거리를 제공하는 단계입니다. 세 번째 고객의 자발적인 후기를 독려하는 단계입니다. 마지막으로 참여를 독려해 브랜드의 경험을 제공하는 단계입니다. 하나씩 살펴보도록 하겠습니다.

업 또는 제품의 가치를 정의한다

2009년 버락 오바마 미국 전 대통령이 취임 후 뉴올리언스를 방문했던 때의 일입니다. 9살짜리 꼬마가 오바마에게 예기치 못한 질문을 던졌습니다. "사람들은 대통령을 좋아해야 하는데 왜 싫어하죠?" 이에 오바마는 당황한 듯 머뭇거리다가 결국 답했습니다. "내 말이 그 말이야. 나는 대통령에 선출됐고 그렇기 때문에 모든 사람이 나를 싫어하는 것은 아니란다. 나는 매우 많은 표를 얻었거든." 당황한 기색이 엿보였고, 그다음 날 많은 언론은 오바마의 이러한 모습을 대서특필했습니다.[1]

능변가이자 연설가인 오바마는 왜 꼬마의 질문에 바로 답변하지 못했을까요? 예전 같으면 미국 대통령과 9살 꼬마가 실시간으로 질의 응답할 일은 없었을 겁니다. 이 상황은 소셜미디어에서 기업과 고객 간의 커뮤니케이션에 빗대어볼 수 있습니다. 이 꼬마와 마찬가지로 고객들은 발전한 소셜 웹 기술을 활용해 기업과 실시간 대화를 나눌 수 있게 되었습니다. 하지만 그 대화는 오바마가 당황했던 것처럼 딱히 원활하지 않아 보입니다. 그도 그럴 것이 우리 고객들은 9살 꼬마와 같아서(수준이 떨어진다는 이야기가 아닙니다) 그들이 듣고 싶은 이야기, 보고 싶은 이야기, 하고 싶은 이야기를 그들의 언어로 나누고 싶어 합니다.

이전까지 들어온 기업들의 자기 자랑 같은 딱딱한 이야기에 고객들이 더는 관심을 보이지 않는다는 점을 명심해야 합니다. 기업의 소셜 콘텐츠에서 가장 중요한 것은 바로 고객과 눈높이를 맞춘 대화입니다.

고객과 대화하기 전에 전달해야 하는 메시지를 정확히 규정해야 하고, 기업의 업을 정확하게 정의하거나 제품의 가치, 특장점을 정의해두는 것이 중요합니다. 이때 주의해야 할 점은 고객의 눈높이에 맞게 이해하기 쉽고 간결하게 정의하는 것입니다.

고객에게 이야깃거리를 제공한다

그동안 기업들은 소셜 웹에서 제품정보, 기업 정보, 이벤트 소식뿐만 아니라 업과는 상관없는 잡다한 상식 정보까지 제공했습니다. 그중에서 기업이 가장 중요하게 생각하는 콘텐츠는 무엇일까요? 실제 매출에 영향을 주는 제품 후기와 리뷰입니다. '후기 이벤트'를 검색하면 기업들이 고객 후기를 얻기 위한 이벤트들이 넘쳐납니다. 그만큼 필요하고 중요하게 생각하는 콘텐츠니까요.

그림4에서 고객이 구매를 결정하는 여정을 살펴보죠. 인지Awareness 단계에서는 제품과 서비스를 발견할 수 있는 노출 콘텐츠가 주요합니다. 제품이 고객에게 쉽게 발견되어야 하고 특히 SNS 뉴스피드 상에서 자연스럽게 노출되어야 합니다. 이때는 주요 키워드와 연관되어 주목받을 수 있는 정도의 제품 이미지, 연출샷, 특장점 등의 기본 정보들이 주요합니다.

고려Consideration 단계는 좀 더 심화된 내용의 정보가 필요합니다.

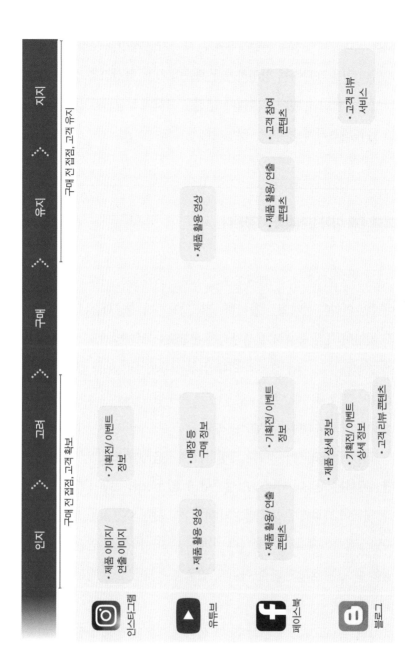

그림4 소비자 구매 결정 여정에서 소셜 콘텐츠의 역할

제품이나 서비스의 상세 정보, 비교 정보, 가격 정보, 매장 정보 등 구매 결정에 중요한 요인들이 포함되어 있습니다. 다른 사람들의 개봉기나 사용 후기, 리뷰도 중요한 역할을 하는 단계입니다. 구매 후 유지Retention 단계에는 고객의 구매에 확신을 주는 정보가 필요합니다. 실제로 구매 후에 구매 제품에 대한 검색이 많이 이루어지는 이유도 이 때문입니다. 이때는 제품을 제대로 활용하는 방법, 제품 연출샷, 관리법 등이 주요한 정보입니다.

《소셜미디어 마케팅》을 지은 데이브 에반스의 '소셜 피드백 주기The Social Feedback Cycle'에 따르면 구매 전 단계에서 마케터가 제공하는 정보 중심으로 진행되다가 사용 단계에 이르면 앞 정보나 제품 경험을 토대로 사용자가 정보를 생성하고, 이렇게 만들어진 후기, 리뷰는 다시 다른 사용자의 인지, 고려 단계에 중요한 참조자료가 되는 사이클을 형성합니다. 즉, 고객들에게 긍정적인 후기를 얻기 위해서는 제품이나 서비스에 대해 좋은 경험을 제공하는 것은 기본이죠. 그리고 그 경험을 유도하기 위해 기업이 제공하는 제품정보도 굉장히 중요한 콘텐츠임을 인지해야 합니다.

그러나 기업들이 고객들에게 긍정적인 리뷰를 원하면서 정작 기업이 제공해야 하는 제품, 서비스 정보에는 관심을 기울이지 않습니다. 온라인쇼핑몰에 등록된 제품정보만 봐도 제품 이미지 몇 장과 사양만 간략히 등록한 정보들뿐이죠. 또는 기업들의 소셜 채널에서 맛집, 여행 등 각종 정보 콘텐츠는 소셜 웹의 톤앤매너를 잘 맞추면서도 기업의 제품정보는 아직도 홈페이지에서 보는 수준입니다. 고객들에게 좋은 리뷰를 원한다면 먼저 제대로 이야깃거리를 제공해야 합니다.

소셜 웹에서 제공되는 제품정보의 유형을 먼저 살펴봅시다. 첫 번째로 온라인쇼핑몰 29CM과 같이 있어 보이게 만드는 유형입니다. 양질의 제품 이미지와 연출 사진, 그리고 브랜드 정보, 제품정보를 제공하는 방식입니다. 특히 PT 메뉴에서 보여주는 제품 설명은 말 그대로 고객에게 제품정보를 프레젠테이션하듯 제공합니다. 제품의 '가치'를 높이는 데 중점을 둔 방식입니다.

 29CM PT 메뉴

두 번째는 온라인쇼핑몰 펀샵처럼 소셜 웹의 톤앤매너를 제품정보에 반영한 유형입니다. 제품 설명과 사진은 보고만 있어도 재미있습니다. '해즈브로 입찢 보드게임 3종'에 대한 제품정보는 도시 괴담에 병맛스러운 제품 소개 영상을 활용했습니다. 물론 펀샵은 '세상에서 신기한 제품들을 모아 판다.'는 컨셉에 맞게 제품 자체에 재미있는 특성을 가진 것이 많습니다. 즉, 제품의 '속성'이 중점인 방식입니다.

 펀샵 보드게임 소개글

세 번째는 리뷰를 전문으로 하는 미디어인 얼리어답터(www.early-adopter.co.kr)의 유형입니다. 제품 리뷰, 활용, 성능에 대해 전문적으로 정보를 제공하는데요, 기업들이 가장 보편적으로 활용하는 방식이자 제품의 '성능'을 강조한 방식입니다.

마지막으로 미디어 커머스그룹 블랭크코퍼레이션(www.blankcorp.

co.kr)의 유형을 살펴봅시다. 페이스북, 인스타그램, 유튜브에서 영상으로 소개했을 때 장점이 극대화할 수 있는 제품 콘텐츠를 제작하는 방식입니다. 제품을 사용하기 전후의 변화가 시각적으로 명확하거나 제품의 효과를 독특한 방식으로 구현할 수 있는 콘텐츠들로 최근 고객들에게 각광받습니다. 다만 제품 자체가 새로운 특징을 가지고 있거나 특정의 효과를 시각적으로 보여줄 수 있을 때 효과적인 방식입니다.

고객에게 이야깃거리를 제공하는 제품, 서비스에 관한 정보의 유형을 살펴보았습니다. 4가지 유형들을 참조해 제품의 속성과 기업의 업을 잘 반영할 수 있는 방식을 찾아내는 것이 중요하겠습니다. 여러분의 기업이나 브랜드의 업에 잘 맞는 방식을 선택했다면 제품정보 콘텐츠를 제작할 때 주의해야 할 점들을 살펴보겠습니다.

제품정보는 고객에게도 아주 중요합니다. 예전처럼 기업이 제품에 대해 하고 싶은 말을 전달해서는 고객에게 도움을 줄 수 없습니다. 지금은 정보를 제공하는 자가 아니라 습득하는 자가 '갑'임을 명심해야 합니다. 고객의 입장에서 고객의 관점으로 쉽게 이해하고 받아들일 수 있는 정보를 만들어야 합니다.

'누구도 우리 제품정보에 관심이 없고 심지어 읽고 싶어 하지 않는다.'는 전제하에 제품정보 콘텐츠를 제작해야 합니다. 그러나 기업들이 제공하는 제품정보를 살펴보면 대부분 고객들이 정보를 열성적으로 정독한다는 관점에서 만든 것이 많습니다. 고객들은 그렇지 않은데 말이죠.

"고객이 이걸 끝까지 봐야 할 이유는 뭔가요?"[2] 마약베개와 퓨어썸 샤워기를 탄생시킨 블랭크코퍼레이션이 고수하는 콘텐츠 철학의 3가지 질문 중 하나입니다. 우리 제품의 사양과 기능을 전달하는 것에만 그쳐서는 안 됩니다. 정보를 고객의 입장에서 이해하기 쉽게 전달하려고 노력해야 합니다. 해당 정보가 실제로 어떤 의미를 가지는지, 어떤 가치를 제공하는지에 대한 해석을 더해 고객들이 정보에 관심을 가지고 이해하기 쉽게 만들어야 합니다. 예를 들어 보겠습니다.

자동차 카탈로그를 보면 제원 정보가 표 형식으로 제공됩니다. 전장, 전폭, 전고, 축거, 윤거 등의 정보가 담겨 있습니다. 우리나라에서 제작, 조립, 수입되어 팔리는 모든 자동차는 법령에 따라 반드시 적법한 절차를 거쳐 제원을 측정해 정부에 신고하고 소비자에게 공개해야 하기 때문입니다. 그런데 제원 중 '축거軸距'가 무슨 뜻인지 아시나요?

제가 마티즈 크리에이티브 출시 제품정보 콘텐츠를 준비하던 중 '축거'에서 막혀버렸습니다. 심지어 저는 자동차회사 출신인데 말이죠. 그런데 아무 설명 없이 카탈로그에 표로 삽입되어 있었습니다. 축거란 자동차 앞바퀴 중심과 뒷바퀴 중심 사이의 거리를 말합니다. 그래서 자동차의 외관 크기를 쉽게 알아보는 포스트를 썼죠. 실제 전시장에 나가서 실차를 대상으로 각 제원의 정의와 의미, 수치를 쉽게 풀어 설명했습니다. 이런 사례들은 여러분이 알고자 하는 제품에서도 얼마든지 찾을 수 있습니다. 바로 그 지점부터 시작하면 되겠습니다. 고객이 흡족할 만한 제품 설명 콘텐츠를 만들기 위해서는 고객의 결핍 요소를 채워줄 수 있는 가치를 찾아 쉽게 설명해야 합니다.

콘텐츠를 구성할 때도 고객의 관점을 유지하는 것이 중요합니다. 다시 자동차 제품정보 콘텐츠를 기획한 예를 들어보죠. 신차 출시 시점에 고객들이 가장 얻고 싶은 정보는 무엇일까요? 아무래도 외관이 궁금할 것입니다. 자동차의 외관 디자인, 연출 사진만으로 구성한 블로그 포스트를 준비합니다. 다음으로 무엇이 궁금할까요? 성능과 특장점입니다. 신차 개발팀의 '개발 스토리 에피소드'를 연재하면서 전문적으로 소개할 포스트를 준비합니다. 다음으로 고객이 궁금할 점은 가격이겠죠. 신뢰감과 전문성을 가지고 현실적으로 설명해줄 영업사원을 인터뷰해 가격 정보를 알려주는 포스트를 준비합니다. 이후 고객들이 궁금해 할 사항들을 시점별로 구분해 대응할 설명 콘텐츠를 준비합니다. 신차가 런칭되면 준비한 콘텐츠를 고객들의 의식의 흐름에 따라 발행합니다.

온라인쇼핑몰에도 같은 원리가 적용됩니다. 고객은 스크롤을 아래로 내리면서 해당 제품의 정보를 얻습니다. 이 스크롤 다운을 고객 의식의 흐름에 맞추어서 구성하는 것이 좋습니다. 예를 들면 브랜드가 아직 잘 알려지지 않은 제품을 상세 설명할 때 최상단에는 브랜드에 대한 설명, 스토리보다 사용자의 긍정적 후기나 공증된 기관에서의 성능 인증을 배치하는 것이 좋습니다. 사용자의 주목을 받지 못하면 스크롤을 아래로 내리는 일은 쉽지 않으니까요. 브랜드가 많이 알려져 있다면 최상단에 브랜드를 강조해서 재배치하면 됩니다. 중요한 것은 제품에 대한 고객의 관심을 유도하고, 끝까지 상세 설명을 읽게 해 구매하도록 만드는 구성입니다. 여기서 제품을 설명하는 팁을 드리겠습니다.

'여친 렌즈'는 강한 아웃포커싱 효과로 여자친구를 돋보이게 찍을 수 있는 85mm F1.8, F1.4 렌즈를 부르는 애칭입니다. '갈색병'은 에스티 로더의 '어드밴스드 나이트 리페어 에센스'의 외형상 특징을 강조한 애칭이고요. '1초 브라'는 일반 브래지어와 달리 앞쪽에 지퍼를 달아 간편하게 입고 벗을 수 있게 만든 '펄리쉘 집업브라'의 특징을 강조한 애칭입니다. '죽은 빵도 살리는 토스터기'는 바로 발뮤다 토스트기의 애칭이죠.

이렇듯 제품에 대한 애칭은 제품을 각인시키거나 특징을 강조하는 데 많이 활용됩니다. 제품의 설명 콘텐츠에 제품의 애칭을 삽입하는 것을 고려해보세요. 검색엔진에서 별명을 통해 콘텐츠를 발견하거나 해시태그를 활용해 SNS에서 연결 지을 수 있는 강력한 장치가 됩니다.

지금까지 제품을 구입하기 전 고객의 구매 의사 결정을 위한 제품정보 콘텐츠에 대해 이야기했다면, 제품을 구입한 후 구매 고객이 원하는 콘텐츠가 무엇인지 살펴봅시다. 제품을 구매하고 고객들이 찾는 정보는 어떤 것들이 있을까요? 구매한 제품을 설치하는 방법 또는 활용법을 알려주는 콘텐츠가 대부분입니다. 이때 정확하고 다양한 정보를 제공해야 구매에 대한 확신과 제품에 대한 만족도를 높일 수 있습니다.

일동제약의 유튜브 채널에는 '파스 사용 상 주의사항'[3]과 '바퀴벌레 퇴치법 영상'[4]등 소비자의 편의를 높이기 위해 제품 사용법과 관련된 영상들을 제공합니다. 대상 품목은 최근 3년 동안 소비자의 특성을 분석해 관련 문의가 많은 제품을 우선적으로 선정했다고 합니다. 각 영상은 해당 제품의 올바른 사용법과 잘못된 사용법, 취급 및 보관법, 사용 주의사항 등으로 구성하고 직관적인 화면 디자인과 시인성을 고려한 영상 기법을 적용해 이해하기 쉽게 만들었습니다.[5]

파스 사용 주의사항 영상

바퀴벌레 퇴치법 영상

홀푸드마켓은 웹사이트의 한 카테고리에 홀푸드마켓에서 구매한 제품을 활용한 요리법과 제품 활용 팁을 제공하고 있습니다.[6] 구매한 제품을 제대로 사용하게 하고 사용 빈도를 높이면 주변 기기, 관련 상품까지 구매하게 만드는 크로스셀링, 상위 기종을 구매하게 하는 업셀링으로 이어질 수 있습니다. 더욱 중요한 것은 구매한 제품에 대한 만족과 확신이 긍정적 후기를 유도하고 나아가 브랜드와 제품에 대한 지지로 연결됨을 명심해야 합니다.

제가 프레젠터를 하나 샀는데 전원이 켜지지 않는다고 가정해봅시다. 건전지도 삽입되어 있는데 말이죠. 사실 요즘 소형 전기제품은 배터리 전원이 공급되는 것을 막기 위해 얇은 비닐 막을 씌워서 제품을 출고합니다. 이 사실을 몰랐다면 불량 제품을 받았다고 착각할 수 있죠. 여러분이 이런 상황이라면 바로 제조사의 고객센터에 전화할까요?

요즘 고객들은 고객센터에 전화하는 대신 검색엔진에서 먼저 검색해봅니다. 신기하게도 여러분과 똑같은 상황에 놓였던 질문자가 있었고 답을 찾고 나면 대부분 '아, 여기 비닐막이 있었네. 아휴, 내가 이걸 왜 못 보았지. 바보 같았군!' 하면서 자신의 어리석음을 탓할 것입니다. 만약 검색으로 답을 찾지 못해 직접 고객센터에 전화를 걸었다고 생각해봅시다. 이때는 이야기가 달라집니다.

이제부터 당신은 굉장한 불편을 겪은 고객이 됩니다. 여러 단계를 거쳐 연결된 상담사에게 상황을 설명했더니 "고객님, 죄송한데요. 배터리 부분에 마감 비닐은 제거하셨을까요?" 여러분은 어떻게 답할까요? "아… 이런 걸 여기 끼워놓았으면 그걸 잘 알 수 있게 설명해놓아야 하는 것 아닙니까? 제가 이것 때문에 얼마나 시간을 낭비한 줄 아세요?"라고 제조사의 책임으로 떠넘기게 될 것입니다. 제조사의 책임으로 떠넘기지 않더라도 제품에 대한 만족도는 아무래도 낮아질 것입니다.

미국의 한 기업이 고객센터에 자주 들어오는 질문과 그에 대한 답을 잘 정리해서 검색엔진을 통해 고객에게 잘 발견될 수 있도록 블로그를 개설, 운영했더니 실제 고객센터의 문의 수가 감소하고 제품에 대한 선호도가 증가했다고 합니다. 이제 고객센터에 불만이 접수되길 기다리기보다 소셜 웹을 통해 그들의 상담에 선제적으로 대응해야 합니다.

할리데이비슨은 웹사이트를 통해 자사의 모터바이크를 구매한 고객들에게 말합니다.[7] "할리데이비슨을 구입한다는 건 관계의 시작에 불과합니다. 끝이 아니고요At Harley Davidson, the purchase of motorcycle is the beginning of the relationship, not the end." 브랜드와 고객 간에 관계의 연속성 차원에서 제품을 제대로 활용하게 만드는 콘텐츠는 점점 더 중요해지고 있습니다.

고객에게 제품과 서비스에 대해 정확한 정보를 전달하기 위해 기업이 준비해야 할 사항들을 살펴보았습니다. 고객이 제품과 브랜드에 대해 자발적으로 이야기를 시작할 때를 대비해 준비해야 할 것들이 있습니다. 고객들의 후기를 활용하는 방법이죠. 이어서 살펴보겠습니다.

고객의 자발적인 후기를 독려한다

고객의 제품 후기를 기획, 제작, 확산하는 방법에 대해 몇 가지 살펴보겠습니다. 신제품을 출시하는 시점에 영향력 있는 파워블로거의 제품리뷰는 대단히 효과적이었습니다. 하지만 그간 일부 기업과 파워블로거 간의 부적절한 관계라거나 '파워블로거지'라고 조롱받게 된 일부 파워블로거들이 권력을 남용한 사례들이 알려지면서 그 효과가 반감되었습니다. "이 제품은 모 기업으로부터 무료로 제공받았습니다."라는 고지 문구가 포함된 파워블로거들의 사용 후기를 진정성 있게 받아들이기는 어려워졌죠. 최근 크리에이터나 인플루언서의 리뷰도 이 수순을 밟아가고 있어 안타깝습니다. 유튜버들의 뒷광고 논란이 대표적이죠.

그럼에도 불구하고 기업들은 제품 리뷰나 사용 후기를 쉽게 포기할 수 없습니다. 사용 후기는 기업과 고객의 소통 창구이자 그 제품을 사용하는 고객들 간의 연결고리니까요. 제품에 관심이 있는 사람들은 쉽고 재미있고 경험이 담긴 사용 후기를 찾아보기를 원합니다. 그렇다면 소셜 웹에서 고객이 보고 싶어 하는 사용 후기를 만드는 방법은 무엇일까요?

먼저 제품 리뷰를 '발굴'해봅시다. 신제품을 제외한 대부분의 제품은 구매한 고객들의 자발적인 리뷰가 이미 소셜 웹에 공유되어 있습니다. 앞서 언급했듯이 고객들은 자신의 경험을 공유하는 것을 좋아하고 같은 경험을 가지고 사람들과 연결되고 싶어 합니다. 검색엔진에서 제품명으로 검색해보거나 SNS에서 해시태그 검색만으로도 이런 자발적 리뷰들을 쉽게 찾아낼 수 있습니다.

일반인들의 리뷰는 영향력이 없다고요? 그럼 기업이 그들에게 영향력을 부여하면 됩니다. 가장 쉬운 방법은 기업의 소셜미디어 채널에 리뷰의 일부 내용만 소개하고 전문은 링크를 누르도록 유도하는 것입니다. 후기가 더 궁금한 사람들이 고객의 소셜미디어 채널에서 전문을 확인하도록 기업의 영향력을 나누어준 것이죠. 장기적으로는 이런 고객들을 발굴해 관계를 맺고 지지세력으로 육성해야 합니다. 이것이 브랜드 팬덤의 기초, 즉 저변 만들기 작업입니다.

자, 그럼 자발적인 리뷰가 부족한 신제품의 경우는 어떻게 할 수 있을까요? 리뷰어를 다르게 선정해보세요. 닛산은 스카이라인 신차 발표회에 개인 블로그에 신차에 대한 기대감을 포스팅한 일반 블로거 100명을 초청했습니다. 초청받은 100명 중 90명이 참석했으며 이후 재미있는 리뷰가 게시되었습니다.

이처럼 제품의 관심 고객을 중심으로 한 일반인을 리뷰어로 선정하는 방법은 앞서 이야기한 파워블로거의 활용보다 더 좋은 제품 후기를 얻을 수 있는 방법입니다. 이 외에 타깃 고객의 눈높이에서 공감을 끌어내기 위해 일반인을 선정하는 방법도 있습니다. 앞서 언급한 한국지엠의 일반인 시승기 시리즈가 그렇습니다. 택시기사, 초보운전자, 오토캠퍼, 대리운전 기사, 장롱면허 엄마로 이어지는 시승기는 소셜 웹 콘텐츠가 제공해야 하는 새로운 재미 요소를 모두 갖추고 있으면서도 고객의 공감까지 이끌어냅니다.

고객들의 제품 후기를 독려하는 방법도 좀 더 세밀하게 고민해볼 필요가 있습니다. 단순 제품을 제공하고 리뷰를 얻는 이벤트 방식에서 벗어나야 합니다. 특정한 메시지나 관심 주제를 담은 브랜디드 해시태그를 사용해 실제 고객의 후기 참여를 독려하는 방법이 최근 등장하는데 이 방법은 '양날의 검'입니다. 이벤트의 성격을 강조하다 보면 기업에 잘 보이려는 듯한 부자연스러운 후기가 나올 수 있습니다.

신라인터넷면세점은 고객이 작성한 상품평으로 발생한 매출의 일부를 작성자와 나누는 개념의 모바일 상품평 '신라팁핑' 서비스를 적용했습니다.[8] 보상 개념은 좋지만, 의도와 금전적 보상이 제공되었을 때 기업의 의도대로 원하는 리뷰를 얻을 수 있을지 지켜볼 필요가 있습니다. 편샵은 한 달 동안 자사몰에 등록된 댓글들을 분석해 '입담왕' 시상을 진행하고 있습니다.[9] 이런 방법은 지속적인 후기 독려에 효과적입니다. CGV는 고객이 예매한 영화의 상영이 끝나고 일정 시간 뒤에 후기 등록을 독려하는 메시지를 발송합니다. 고객들이 막 보고 나온 영화에 대해 딱 이야기하고 싶을 즈음에 말이죠.

제품 후기를 쓰도록 열심히 독려한다고 해도 제품 출시에 맞춰 비슷한 내용의 제품 리뷰만 쏟아지면 문제입니다. 예를 들어 고객 50명에게 프레젠터의 제품 후기를 부탁하면 신기하게도 50개의 리뷰가 거의 유사합니다. 이유는 간단합니다. 대부분의 제품 리뷰가 제품의 성능 위주로 만들어지기 때문입니다. 버튼이 3개가 달린 프레젠터는 10대 고객에게도 3개 버튼일 테고요, 50대 고객에게도 마찬가지입니다. 그러니 유사한 리뷰가 나올 수밖에 없는 거죠.

검색 결과를 뒤덮어버린 홍보성 리뷰 더미에서 고객들이 원하는 리뷰를 찾기가 더욱 어려워졌습니다. 원하는 리뷰를 찾지 못한 고객들은 비슷비슷한 내용의 리뷰만을 보다 오히려 제품에 대한 호감을 잃기 십상입니다. 고객들은 기업이 만들어낸 홍보성 리뷰를 믿지도 않고, 속지도 않습니다. 오히려 구분해낼 수 있습니다.

시점별로 사용 후기를 기획하고 지속적으로 업데이트 하는 것이 중요합니다. 신제품 출시 시점에 제품 리뷰를 쏟아내고 이후 지속적인 업데이트가 없는 현 문제점을 보세요. 출시 후 일정 시간이 지나도 고객들은 출시 시점에 만들어진 리뷰만을 제공받습니다. 고객들의 궁금증은 출시 시점부터 지속적으로 업데이트 되는데 말입니다. 출시 시점에는 제품의 차별점과 강점을 중심으로 정보를 제공하고, 이후에는 사용하면서 활용할 수 있는 팁이나 상황 중심으로 기획해 지속적으로 제공해야 합니다. 고객들은 이미 '상품 개봉기', '간단 리뷰', '기능별 리뷰'로 세분화해 포스팅하고 있다는 점을 기억하세요.

유사한 제품 후기에 차별성을 주려면 리뷰어의 상황을 추가해보세요. 프레젠터의 사례로 돌아가봅시다. 10대 고객이 학교 발표 시간에 발표할 때 기능에 대한 리뷰와 50대 고객이 고객사를 상대로 프레젠테이션 할 때의 리뷰라면 내용이 달라집니다. 그뿐인가요. 고양이를 키우는 고객이라면 이 프레젠터의 리뷰는 아주 달라질 것입니다. 이때는 프레젠터의 포인터를 고양이가 좋아하느냐 싫어하느냐가 주된 내용이겠죠. 고양이 집사들은 프레젠터를 고양이 장난감으로 구입한다는 사실, 그리고 그러한 기능 중심의 제품 후기를 찾고 있다는 점을 잊으면 안 됩니다.

한국지엠에서 컨설팅을 할 때 개인의 상황과 이야기를 담아 세분화된 리뷰를 만들어보는 미션을 주었더니 '37주 만삭 임산부가 느낀 시트 편의성'[10], '더 넥스트 스파크 시승기, 월요병 돋는 출근길 극복기!'[11] 같은 새로운 제품 후기가 만들어졌습니다. 소셜 웹의 시대에는 사용자의 상황과 이야기가 담긴 세분화된 제품 후기를 다양하고 지속적으로 고객에게 전달하는 것이 중요합니다.

직장인 출근길 시승기

제품 후기를 작성했다면, 고객의 상황이나 니즈에 맞는 후기를 쉽게 찾을 수 있어야 합니다. 예를 들어 10대의 제품 리뷰가 40대 고객에게는 전혀 와 닿지 않을 겁니다. 닛산의 티타 블로그에서는 '오너가 말하는 티타'라는 후기 코너를 제공했습니다. 제품 후기를 '연령', '가족 구성', '사양'으로 구분했죠. 40대 2인 가족 고객이 20대 싱글남의 리뷰를 보면서 허비하는 시간을 줄이고 유사한 상황에 있는 다른 고객에게서 공감을 더욱 쉽게 느끼도록 유도하는 장치였습니다.

세금신고 간편화 소프트웨어인 터보택스는 많은 사용자 후기 중에서 자신이 터보택스 서비스를 이용하는 목적, 이전 서비스 이용 방법, 가족 상황 등의 정보로 후기를 분류해 등록하는 이벤트를 성공적으로 진행했습니다. 많은 고객들의 호응으로 현재는 웹사이트의 고정 코너로 자리 잡았습니다.[12] 고객들이 필요한 정보를 해매지 않고 찾아 더 빠른 결정을 할 수 있도록 제품 후기를 고객의 환경이나 상황, 목적에 따라 분류해 제공해야 합니다.

최근 일부 인플루언서들의 리뷰가 기업에 별도의 광고비를 받아 진행된 허위 광고임이 밝혀지는 사례들이 등장하면서[13] 소셜 웹의 리뷰 콘텐츠 신뢰도는 더욱 의심받게 되었습니다. 고객의 후기를 발굴하고, 독려하고, 수집하고, 확산하는 것에 더해 신뢰를 회복하는 작업도 중요해졌습니다.

한 온라인쇼핑몰은 실제 구매한 고객이 쓴 상품평에 아이콘을 달아 구매하지 않은 고객 리뷰와 구분하기도 합니다. 아마존은 실제 사용한 경험이 없는 상품의 허위 리뷰를 호의적으로 작성한 것으로 의심되는 1,114명을 상대로 손해배상 소송을 제기한 적이 있습니다.[14] 허위 리뷰를 철저하게 관리해 신뢰를 회복하기 위한 것이죠.

영화 마니아들은 신작이 개봉할 때 로튼 토마토(www.rottentomatoes.com)의 썩토(썩은 토마토) 지수[15]를 많이 참조하고 인용합니다. 그런데 최근에는 CGV의 실제 관람 고객 평가로 산정된 '골든 에그Golden Egg 지수'도 많이 언급되고 있습니다. 객관적인 평가의 기준을 만들어 제공하는 것도 신뢰를 회복하는 방법이 될 수 있습니다.

제품의 사용 후기는 기업이나 고객에게 모두 중요한 콘텐츠입니다. 고객이 제품을 구입해야 하는 합당한 명분을 찾을 수 있도록 믿을 수 있고, 공감할 수 있는 제품 후기를 지속적으로 전달해야 합니다. 고객의 입장에서 자발적으로 리뷰를 남기는 것은 쉬운 일이 아닙니다. 그리고 사람들은 좋은 경험보다는 나쁜 경험에 대해 이야기하는 것을 좋아합니다. 앞서 언급한 '있어빌리티'와 '인스타워시'를 활용하면 자발적인 리뷰 참여를 유도하는 방법들을 찾아낼 수 있습니다.

구매 고객들은 제품의 후기를 남기고 다른 사람들의 활용기를 보면서 제품 중심으로 관계를 형성할 수 있습니다. 기본적으로는 기업이 제공하는 제품, 서비스 정보를 제대로 활용한 자발적 후기가 만들어지면 이제 그들의 긍정적 경험을 다른 고객, 잠재 고객들과 연결하는 방법을 고민해야 합니다.

"왜 댓글이 없지?" 온라인쇼핑몰 펀샵이 보낸 메일의 제목입니다. 펀샵에서 판매 중인 제품에 후기나 댓글이 없는 제품들만 골라 후기를 독려하는 내용을 담은 메일입니다. "락식 MD가 먹어본 팝콘 중에 세젤맛인데… 왜 댓글이 없지?", "이거… 촉감이 부드럽고 촉촉하고 너무 좋고… 심지어 몸도 잘 닦이는데 왜 댓글이 없지?" 등 메일에 선정된 제품을 모두 "왜 댓글이 없지?"로 소개했죠. 메일에 소개된 제품을 클릭하면 메일을 받은 고객들이 댓글을 달았고 저 같은 잠재 고객들은 재밌어 하며 그 댓글을 읽습니다. 고객의 후기를 독려하면서 다른 고객에게 후기를 환기시켜 구매로 연결하는 좋은 방법입니다.

앞서 언급한 신라면세점의 모바일 앱 상품평 서비스 신라팁핑이 국내 성공을 발판 삼아 외국인 고객도 이용할 수 있는 '글로벌 신라팁핑'을 만들 예정인데요, 국내 팁핑에 누적된 15만 건 이상의 상품평과 실시간으로 올라오는 새로운 상품평을 중국어로 자동 번역해 글로벌 서비스로 제공한다고 합니다. 국내 고객 후기를 기업이 재가공해 잠재 중국 고객과 연결하는 효과적인 방법이 될 수 있습니다.

고급 레스토랑에 갔을 때 음식 사진이 없는 메뉴판에서 메뉴를 골라야 할 때의 난감함을 겪어보셨나요? 뉴욕 소호거리에 위치한 코모도 Comodo 레스토랑은 고객들의 이러한 불편을 고객들의 경험을 통해 새롭게 해결했습니다. 메뉴판 하단에 '#comodomenu'라는 문구를 넣어 먼저 다녀간 고객들의 인증사진을 살펴볼 수 있도록 연결했습니다. 앞서 경험한 고객들이 다음에 난감할 고객들을 위해 자신의 음식을 찍어 올리도록 독려한 결과죠.

고객의 경험을 발굴하고 연결하는 방법들을 여러 가지로 고민해볼 필요가 있습니다. 최근에는 해시태그를 활용하는 사례가 많아지고 있습니다. 사실 고객이 자발적으로 제품에 대한 의견을 남긴다는 것은 기업에 대화를 거는 것입니다. 이런 후기에 기업이 관심을 가져주고, 다른 고객들에게 잘 보이도록 힘을 실어주고 연결해주는 일들은 대단히 중요합니다. 고객들은 이제 단순히 제품에 대한 후기, 감상을 넘어 점점 더 적극적으로 기업에 관심을 표하기 시작했습니다. 이러한 고객들을 지지자로 발굴할 수 있도록 저변을 만드는 네 번째 방법을 알아보겠습니다.

참여를 독려해 브랜드의 경험을 제공한다

루이비통은 레트로 게임을 만들고, 에르메스는 노래방을 열고, 샤넬은 넷플릭스 영화를 만들었습니다.[16] KEB하나은행은 유휴 공간에 각 지점이 위치한 동네의 색깔을 덧입혀 손님들과 다양한 문화 콘텐츠로 소통하는 공간인 컬처 뱅크를 만들고 있습니다.[17] 젊어진 고객들에게 관심과 사랑을 받기 위해서 브랜드에 대한 경험을 강화하려고 하죠. 이제 소셜 웹의 공간은 '정보'를 제공하는 제1라운드에서 '경험'을 제공하는 제2라운드에 접어들었습니다. 기업은 고객들에게 브랜드나 제품의 경험을 지속적으로 제공하고 연결해야 하는 상황입니다.

"폴라로이드의 필름은 계속 생산돼야 한다." 디지털 사진의 등장으로 파산한 폴라로이드 공장을 지키던 생산 책임자 앙드레보스망과 즉석사진 애호가이자 즉석필름 구하기 캠페인에 동참했던 플로리안 캡스가 몇몇 투자자와 함께 폐쇄된 공장을 임대해 폴라로이드 필름 생산 프로젝트를 시작할 때의 믿음입니다. 이 임파서블 프로젝트Impossible Project는 폴라로이드를 운영했던 피터스그룹이 폴라로이드의 핵심 기술 이전을 거부한 상태에서 초기 선구자인 폴라로이드의 팬덤 3,000여 명이 참여해 2년 후인 2010년 폴라로이드 필름 공장을 다시 가동한 놀라운 프로젝트입니다. 물론 초기 품질은 형편 없었지만 폴라로이드 사진의 손맛을 잊지 못한 팬들의 빠른 피드백과 응원으로 폴라로이드 필름은 다시 살아났습니다.

고객들은 기업이 제공하는 경험 수준을 넘어 이제는 기업의 영역까지 적극적으로 참여해 결과를 이끌어내고 있습니다. "이제 브랜드는 종전처럼 상징을 확립하고 소비자에게 스토리텔링을 강요하는 대신, 소비자를 초대해 그들 스스로 의미를 만들어내도록 이끌어야 한다." 안토니스 코체일라스Antonis Kocheilas 오길비 월드와이드 전략 담당 상무이사의 말처럼 경험을 넘어 참여 수준으로 고객을 맞이할 준비를 해야 합니다.

고객의 참여가 얼마나 중요한지 사례를 통해 살펴봅시다. '수퍼 소닉'과 '캣츠'는 공통성이 많은 영화입니다. 영화화를 발표했을 때 팬들이 많은 우려를 표했고, 첫 예고편이 공개됐을 때 엄청난 반발과 비난을 몰고 왔었죠. '수퍼소닉'은 공개된 예고편에 '좋아요' 27만 개, '싫어요' 46만 개가 달리자 제작사가 개봉일을 연기하고 감독이 조롱받은 캐릭터를 전면 재수정한 후 개봉했습니다.[18]

'캣츠'의 예고편 영상도 일찍이 혹평을 받았습니다. 사람의 얼굴에 고양이의 귀와 꼬리, 털을 합성한 모습 같은, 기대에 미치지 못한 비주얼 때문에 '좋아요'가 10만 개인 반면, '싫어요'는 20만 개에 달하는 굴욕을 당했습니다.[19] 하지만 '캣츠'는 팬들의 비난에도 불구하고 수정 없이 개봉일에 맞춰 영화를 공개했죠. 결과는 어땠을까요? 팬들의 의견을 받아들인 '수퍼소닉'은 테일즈 채널에 의하면 '명탐정 피카츄'와 '앵그리 버드 무비'를 제치고 게임 원작 영화 중 가장 높은 수익을 올렸습니다. 캣츠는 흥행 참패는 물론 최악의 영화를 꼽는 골든 라즈베리 시상식에서 6관왕이라는 불명예를 얻게 되었습니다.

"참여감을 구축한다는 것은 제품, 서비스, 브랜드, 소매에 이르는 전 과정을 개방해 사용자의 참여를 이끌어내고, 사용자들이 직접 만져보고 소유할 뿐 아니라 사용자와 함께 성장하는 브랜드를 만들어가는 것이다."[20] 샤오미 공동창립자 리완창의 이야기처럼 이제 고객에게 기업의 영역을 개방하고 참여를 유도해 경험하게 한 후 그 의견을 반영하지 않는다면 점점 더 고객과 멀어지게 될 것입니다.

"소비자가 제품 선택을 결정하는 심리는 지난 수십 년간 거대한 변화를 겪었다. 소비자의 구매 활동은 과거의 기능 중심의 소비에서 브랜드 소비로, 최근 유행하기 시작한 체험형 소비로 변모해왔다. 이 가운데 샤오미가 현재 발견해 참여하고 있는 것은 완전히 새로운 '참여형 소비'다."[21] 기업들이 단순 이벤트 성격의 경험 제공을 뛰어넘어 좀 더 참여감을 줄 수 있는 수준의 협업도 고민해야 하는 시점입니다.

고객을 참여시키는 캠페인은 샤오미뿐만 아니라 기업들이 이미 많이 사용하고 있습니다. 신제품 출시에 관심을 유도하기 위해서 또는 제품의 인지도를 높이기 위해서, 고객의 의견을 듣기 위해서 단기간 이벤트를 진행하는데요. 고객의 미진한 참여를 끌어올리기 위해 과한 경품을 내걸고 또 이런 경품을 쫓아 체리피커들만 모여 원래 얻고자 했던 고객들의 참여를 끌어내지 못하는 경우가 대다수입니다. 그렇다면 어떻게 해야 할까요? 3장에서 언급한 것들을 조합하면 답이 나옵니다.

고객을 '참여'시키는 3단계 프로세스

첫 번째, 고객은 쉬운 덕질의 놀이, 즉 쉽고 익숙한 놀이에 참여합니다. 이미 익숙하거나 너무 쉬워서 노력 없이 즐길 수 있는 놀이를 제공해야 합니다. 기업들은 자꾸 QR코드를 스캔해 문제를 확인해서 답을 달게 하는 이벤트라든지, 증강현실AR 화면을 캡처해서 SNS로 공유하고 게시판에 주소를 남기는 이벤트 등 새로운 디지털 기술을 끼워 맞추려고 하는데 고객들에게 외면받기 좋습니다. 고객은 쉽고 익숙한 놀이에

그림5 고객 참여 캠페인을 구성하는 3단계

움직입니다.

두 번째, 있어 보이는 결과물이어야 합니다. 고객 참여의 결과물은 일반 사용자의 시각에서도 있어 보여야 합니다. 그래야 참가자는 선망의 대상이 되고, 기업의 이벤트에 참여해볼 만한 가치를 인정받습니다.

세 번째, 참여의 결과물에서 우수작을 선정해 재가공하고 확산해야 합니다. 기존의 채널들을 활용하거나 필요에 따라 광고 채널들을 활용하면 됩니다. 이때 참여 고객들에게 보상을 제공할 수도 있습니다. 특히 고객의 참여를 통해 수익이 발생하는 경우에는 반드시 보상을 제공해야 합니다.

예를 들어 배달의민족이 진행한 '신춘문예' 캠페인[22]은 N행시를 짓는 이벤트로, 우리가 일반적으로 많이 해본 놀이입니다. 쉽고 익숙한 놀이죠. 이 신춘문예의 수상작들이 공개되면 일반 사용자들이 대부분 그들의 능력에 감탄을 연발하는 리액션을 했습니다. 한 걸음 더 나아가

배달의민족은 이 수상작들을 재가공해 TV광고나 지하철 광고 등 다양한 매체를 활용해 확산했습니다. 심지어 수상자의 아파트 단지 앞에 축하 플래카드까지 내걸었다고 하네요.

온라인 소셜 웹에서만 이런 단계가 적용되는 것은 아닙니다. 고객의 참여를 활용할 때는 온오프라인 어디든 해당됩니다. 영국의 한 쇼핑상가에서는 고객들이 걸어가는 바닥이 쿠션처럼 살짝 내려앉아 있습니다. 사실 이 바닥은 밟으면 바닥이 1cm가량 내려가면서 밑에 있는 발전기를 돌려 전기를 생산하는 '에너지 마루'[23]입니다. 여기서 생산된 전기는 상가 실내와 옥상, 건물 밖의 조명을 켜는 데 사용합니다. 참여한 고객에겐 앱을 통해 바닥을 밟는 횟수만큼 구매 포인트를 제공합니다. 즉, 쇼핑객들에게 가장 쉽고 익숙한 놀이인 걷기로 참여를 유도하고 전기에너지로 변환해 활용하므로 있어 보이는 결과물을 만들죠. 이에 대한 보상으로 쇼핑 포인트를 제공하고 성과를 확산하는 방식으로 구성

 에너지 마루

되어 있습니다.

고객의 참여를 이끌 방법을 기획했다면 이제 몇 가지 유의사항들을 살펴봅시다. 현업에서 가장 많이 하는 실수들을 소개합니다. 첫째, 참여 목적이 불분명합니다. 너무나 당연한 이야기지만 가장 많이 실수하는 부분입니다. 고객의 참여로 얻을 수 있는 결과를 미리 설계하는 동시에 고객이 참여하는 명분도 만들어주어야 합니다. 2가지 목적을 균형 있게 설계하는 것이 좋습니다. 고객을 참여시키는 목적이 불분명한

경우 도대체 그 기업이 왜 그런 캠페인을 진행했는지, 그리고 참여의 결과물을 활용할 때도 명분이 없어진다는 것을 알아야 합니다.

둘째, 단일 채널만 활용합니다. 블로그 캠페인, 페이스북 캠페인, 온라인 캠페인 등도 좋지만 기업이 현재 활용할 수 있는 전체 채널을 모두 활용할 수 있는 통합적인 관점으로 캠페인을 기획하는 것이 좋습니다. 하나의 채널이 고객에게 도달할 수 있는 범위나 이룰 수 있는 성과는 제한적입니다. 온라인에서 가용한 채널들과 오프라인의 접점까지 모두 연결해 활용하는 방향으로 기획해봅시다.

셋째, 참여의 결과가 업에 반영되지 않습니다. 고객의 참여 결과를 의미 있게 활용하거나 업에 반영하는 것이야말로 참여한 고객들에게 가장 큰 보상을 제공하는 방법입니다. 기업이 참여 이벤트를 진행한 뒤 고객의 의견을 듣기만 하고 바로 경품을 발표하는 경우가 있는데 참가자들에게 굉장한 실례입니다. 여러분의 친구가 어떤 문제에 대해 의견을 구했는데 진중히 대답해줬더니 친구가 그 의견을 듣기만 하고 문제가 어떻게 해결되었다고 답을 주지 않는 것과 같습니다. 고객의 참여 결과는 피드백을 하거나 어떻게 반영되었는지 투명하게 공개해야 합니다. 소셜 웹에서 가장 중요한 것은 쌍방향의 대화니까요.

넷째, 참여의 의미보다 경품만을 강조합니다. 고가의 경품이 걸리면 이벤트의 참여율은 높아지겠지만 여러 가지 문제를 야기합니다. 먼저 진정성이 있는 참여보다는 경품을 타기 위한 체리피커들이 기업의 입맛에 맞춘 작위적 결과물을 게시할 확률이 높습니다. 또한 탈락한 참가자들의 불만이 집단행동으로 나타날 수 있습니다. 이때는 심사 과정을 투명하게 공개해서 불만을 최소한으로 줄여주는 것이 좋습니다. 어렵겠지만 참여 캠페인에서는 고가의 경품보다 참여의 의미와 명분이 부각될 수 있도록 기획하는 것이 더 중요합니다.

다섯째, 단기적 관점으로 설계합니다. 참여 캠페인은 단기적으로 또는 일회성으로 진행되는 경우가 많은데 장기적 관점에서 정례화하는 것이 중요합니다. 배달의민족의 '신춘문예'처럼 말입니다. 물론 일회성으로 진행해보고 참여율이나 반응, 그리고 결과를 분석해보고 결정하는 과정이 필요합니다. 대신 부족한 부분은 횟수를 거듭하면서 채워가면 됩니다. 기업들도 소셜 웹에서 평판을 만들기 위해 그들만의 오리지널 콘텐츠를 확보하는 것이 중요하니까요.

이제까지 브랜드 팬덤 구축의 첫 번째 단계, 즉 고객의 참여를 통해 브랜드의 경험을 제공해서 저변을 만드는 과정을 살펴보았습니다. 사실 고객 혹은 대중을 참여시키는 것은 쉬운 일이 아닌 데다가 점점 더 어려워지고 있습니다. 고객들은 항상 참여의 명분과 새로운 재미를 원하고 있으니까요.

대중이 참여할 명분과 재미를 찾기 위해선 이미 그들이 참여하는 방식을 살펴볼 필요가 있습니다. 그런 이유에서 자신의 취향에 충실한 이 시대에 덕후들을 주목해야 합니다. 그들이 어떤 과정으로 영향력을 얻게 되었는지, 어떻게 외면받던 그들의 취향이 이제는 대중에게까지 영향을 미치게 되었는지, 앞서 말씀드린 덕후코드를 이해한다면 대중의 참여를 유도할 수 있는 '쉽고 익숙한 놀이'를 제공하는 방법을 알 수 있을 것입니다.

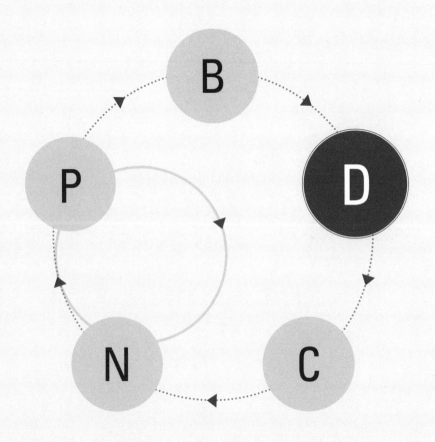

SFC 2단계:
지지자 발굴(Digging)

고객이 자발적으로 제품과 서비스에 대해 이야기할 수 있는 저변이 만들어졌다면 그다음은 브랜드의 지지자를 발굴하는 단계입니다. 많은 기업이 브랜드 팬덤을 설계하면서 팬을 모집하는 것부터 고려합니다. 신규 브랜드가 아닌 이상, 기존에 우호적으로 활동하는 고객이 있다는 점을 잊지 마세요. 기업이 먼저 해야 할 일은 이런 지지자들을 '검색'해서 찾아내는 것입니다.

검색과 유사하게 '관찰'하는 방법이 있습니다. 고객 관련 데이터를 분석한다든지 조사 도구를 활용해 찾아내는 방법입니다. '질문'하는 방법과 새롭게 '모집'하는 방법도 있습니다. 각각의 방법들을 차근차근 살펴보겠습니다.

브랜드 지지자의 특성을 먼저 살펴보겠습니다. 브랜드 지지자가 '지지하는 대상'은 기업의 브랜드 및 제품이라기보다 기업이나 브랜드가 중시하는 가치를 지지하는 경우가 많습니다. 지지자들은 기업으로부터 금전적 이득을 얻지 않기 때문에 다른 사람들에게 신뢰를 얻습니다. 그래서 기업은 그들의 지지를 돈으로 사려고 하면 안 됩니다. 기업이 보통 제품과 서비스를 홍보하기 위해 비용을 지불하는 경우는 브랜드 앰배서더, 인플루언서, 파워블로거 등 영향력자들이 있습니다. 이들과 별도로 구분 짓는 것이 좋습니다. '상시적인 영향력자'라고 불리는 지지자는 기업이 장기적인 관점으로 관계를 맺는 것이 좋습니다.

브랜드 지지자의 특성을 이해하면서도 실무자들이 현업에서 혼돈을 느낍니다. 소셜 웹에 기업에 대한 악플이 달리면 이게 건설적인 의견인지, 불편한 경험에 합당한 대응이나 조치를 원하는 것인지, 앞뒤 없이 비판하는 것인지 알 수 없어 모조리 삭제하거나 안 보이게 순위를 미루는 일에 매달립니다. 그러니 고객들의 의견을 귀 기울여 듣는 것은 생각보다 쉬운 일이 아니겠죠. 사례를 살펴볼까요?

지지자의 정의

첫 번째 질문입니다. 브랜드의 로열 고객은 브랜드의 지지자일까요? 지지자일 수도 있고, 아닐 수도 있습니다. 로열 고객은 자주 또는 오랫

동안 브랜드의 제품을 구매하는 고객일 뿐 브랜드를 반드시 지지하지는 않습니다. 지지자들은 그들의 영향력을 발휘해 기업이나 브랜드를 대변하고, 중요한 이슈 시점마다 목소리를 내는 등 보다 넓은 영역으로 기업 커뮤니케이션에 개입하는 적극적인 태도를 보입니다. 예를 들어 저는 인터넷 서점 YES24의 플래티넘 고객으로, 대부분의 책을 여기서 구매합니다. YES24를 지지하냐고 묻는다면 아닙니다. 우연히 처음 이용하게 되었고 지금은 마일리지, 구매 데이터 그리고 익숙함 때문에 반복 구매하는 것일 뿐입니다.

두 번째 질문입니다. 이케아 가구를 취향과 필요에 따라 분해하고 재생산해 새로운 제품을 만들어내고 그 방법을 공유하는 커뮤니티 '이케아 해커스'는 이케아 브랜드의 지지자들일까요? 아니면 안티 세력일까요? 답은 이케아가 하기 나름입니다. 만약 이케아가 이케아 해커스에게 내용증명을 보낸다면 강렬한 안티로 돌아설 것이고요, 끌어안고 새로운 제품 개발에 협업한다면 지지자가 될 수 있을 겁니다.

그렇다면 한동안 소셜 웹에 놀이처럼 퍼진 'LG전자 마케팅을 대신해드립니다.'[24]는 어떤가요? SNS에서 LG 대신 홍보해주기 놀이에 동참한 분들은 지지자일까요? 마찬가지로 LG전자가 하기 나름이겠지만 이케아 해커스와 달리 그들은 아직 마케팅 아이디어를 내놓지 않았기 때문에 기업에 실망을 줄 수도 있습니다. 다만, 한번 의견을 들어보면 어떨까 하네요.

검색해서 발굴하기

이제 우리가 찾아야 할 지지자들을 이해했으니 발굴을 시작해보죠. 검색하기, 물어보기, 모집하기의 3가지 발굴 방법 중 검색하기부터 시작합니다. 검색하기는 소셜 웹에서 자발적으로 브랜드를 지지하는 고객들을 찾는 방법입니다. 네이버, 구글, 다음 등 검색엔진에서 브랜드명이나 제품명을 검색해봅시다. 기업이 비용을 지불하고 있거나 이벤트를 통해 얻은 후기 이외에 자발적으로 브랜드나 제품 이야기를 하는 고객들이 있습니다. 바로 이런 고객들을 찾아야 합니다.

소니코리아를 컨설팅할 때의 이야기입니다. 소니는 신제품이 출시되면 영향력을 얻기 위해 파워블로거들을 발표회에 초대해 제품을 미리 사용해보게 했습니다. 당시 파워블로거들은 오전에는 소니 신제품 발표회에 참석하고 오후에는 경쟁사의 발표회에 가기도 하는, 말 그대로 충성도 없는 영향력자들이 대부분이었습니다. 저는 소니 브랜드의 진정한 지지자들이 참여하는 프로그램을 만들고 싶었습니다. 사실 저도 당시 소니 브랜드의 지지자였거든요. '소니 블로그 히어로즈'는 이렇게 시작되었습니다.

프로그램은 단순합니다. 블로고스피어('블로그'와 공간, 장소를 의미하는 '스피어sphere'의 합성어. 모든 블로그가 서로 연결되어 있다는 공간적 개념)를 모니터링해 소니 제품을 자발적으로 리뷰한 블로거를 찾아 리스트업 하고 심사해 격주에 2명씩 선발했습니다. 그리고 그 2명을 소니코리아 공식 블로그에서 '소니 블로그 히어로즈'라고 소개하고 리뷰 본문의 일부를 전문을 볼 수 있는 링크와 함께 공개했습니다. 소니라는 기업의 영향력을 나누어준 것이죠. 경품은 영화예매권 2장이었습니다.

처음 '소니 블로거 히어로즈'의 선발자들은 자신이 참여하지도 않은 이벤트에 당첨되는 것을 낯설어했습니다. 곧 소니 팬들에게 이 프로그램이 알려지고 긍정적인 반응을 얻었습니다. 이후 블로그에 부착할 수 있는 '소니 블로그 히어로즈 배지'를 경품과 함께 지급하니 6개월 뒤 선정된 블로거들의 배지 부착률이 80%가 될 정도로 인기를 얻었죠. 자발적으로 소니 제품 리뷰를 쓴다는 것은 고객이 소니에게 말을 건 것입니다. 고객이 말을 걸었는데 소니가 적극적으로 관심 가져주고 칭찬까지 해주니 소속감, 충성도가 높아질 수밖에 없었습니다.

또 하나의 실험을 했습니다. 소니 제품에 대해 50%는 부정적이고 50%는 긍정적인 내용의 리뷰를 게시한 블로거를 소니 블로거 히어로즈로 선정했습니다. 50%의 비난을 감수한 결정이므로 리스크가 높았죠. 발표하고 3개월 뒤에 다시 블로그를 방문했더니 소니의 제품 리뷰가 계속 발행되고 있었는데 이전과 다르게 80~90%가 긍정으로 바뀌어 있었습니다.

요즘은 블로그뿐만 아니라 트위터, 페이스북, 인스타그램, 유튜브 등 다양한 채널을 대상으로 지지자를 찾는 검색을 진행해야 합니다. 즉, 고객들이 자발적으로 브랜드와 제품, 서비스를 이야기하는 소셜미디어 채널을 모두 살펴보아야 합니다.

해시태그로 찾아볼 수도 있습니다. 미디언스 해시태그 LAB(tag.me-diance.co.kr)과 같은 해시태그 분석 서비스에서 기업명, 브랜드명, 제품명을 검색할 수 있습니다. 결과 내 'LIVE 인기 포스트' 영역을 살펴보면 자발적으로 리뷰한 지지자를 찾아볼 수 있죠. 이렇게 해시태그 관련 서비스를 이용할 수도 있고 각 소셜미디어 채널에서 직접 해시태그를 검색해 지지자들을 찾아낼 수 있습니다.

직접 물어보기와 새롭게 모집하기

두 번째 방법은 물어보기입니다. "당신은 다른 사람들에게 우리 제품을 추천할 의향이 있으십니까?"라고 직접적으로 물어보는 NPS(Net Promoter Score, 순추천지수)를 활용하는 방법입니다. 질문에 대한 응답은 0~10점 사이의 점수를 매깁니다. 응답자 가운데 9~10점을 준 고객, 즉 추천 고객을 지지자로 발굴하고 육성하는 것입니다. NPS는 '추천 의향'이라는 단 하나의 문항으로 고객의 로열티를 측정하는 방법입니다. 질문의 시점이나 여러 환경적 요소에 따라 지지자로 확정 짓기 어렵기 때문에 넓은 모수의 지지군을 확보할 때 참조하는 것이 좋습니다. 이 방법을 사용할 때는 지지자로 선정하기 전에 다시 한 번 확인하는 절차를 마련해두는 것이 좋겠습니다.

세 번째 방법은 모집입니다. 검색이나 물어보기로 발견한 지지자가 미비하거나 신규 브랜드일 때 활용할 수 있는 방법입니다. 기업들이 선발하는 브랜드 서포터즈 모집이 대표적입니다. 서포터즈 모집은 기업들이 이미 많이 사용하고 있는 방식이기도 하죠.

기존의 방법에서 고민해봐야 할 부분만 살펴보겠습니다. 서포터즈의 활동을 구체적으로 정의한 후 그 활동에 맞는 서포터즈를 모집해야 합니다. 목적이 분명해야 선발 후에 우왕좌왕하지 않습니다. 하나 더, 모집 단계에서 기업의 지지자가 아닌 체리피커를 걸러 선발할 수 있는 조건을 준비해야 합니다. 신세계백화점의 '클럽S'는 모집 단계에서 지원자의 신세계백화점 구매 이력을 체크했습니다. 이마트의 '이마터즈'는 모집 단계에서 '이마트 능력고사'를 준비해 브랜드의 인지 정도를 사전에 확인했습니다.

잠재 고객들에게 선망의 대상이 되는 지지자를 모집하는 것도 고려해보세요. YBM토익위원회는 토익시험 응시자의 선망의 대상이 되는 읽기, 쓰기, 듣기, 말하기의 토익시험 4가지 분야에서 모두 고득점을 얻은 응시생을 '그랜드 슬래머'란 이름으로 모집했습니다. CU는 편의점 덕후를 지지세력으로 모집했고요. 에듀윌은 에듀윌을 통해 공무원 시험에 합격한 사람을 지지세력으로 모집했습니다. 에듀윌의 2019년 '공인중개사 합격자 모임' 2,000석 티켓은 1시간 만에 매진되어 '합격보다 더 어려운 합격자 모임 신청'이라는 말이 나돌 정도랍니다.

기업들은 대부분 서포터즈나 체험단 등 다양한 이름으로 고객의 활동을 모집한 경험이 있거나 활용 중인 상태일 것입니다. 활용 중인 그룹들이 있다면 그룹을 통합하거나 과정을 수정하는 것이 좋겠습니다. 모 기업에서는 부서마다 활용 중인 체험단, 마케터 프로그램, 서포터즈 등을 합쳐보니 무려 20개가 넘었습니다. 새롭게 모집하기 전에 기존의 기업 자원들을 확인하면 우후죽순처럼 프로그램만 늘리는 것을 피할 수 있습니다. 이미 활동이 종료된 서포터즈나 체험단을 대상으로 지지자를 찾는다면 '홈 커밍데이' 같은 행사를 기획해서 발굴하는 방법도 있겠습니다.

이 밖에도 경연대회나 공모전을 통해 지지자를 발굴하는 방법도 있습니다. 물론 혁신적인 고객의 아이디어를 얻는 것이 주된 목적일 수 있지만, 기업에 관심을 가지고 의견을 제시하는 지지자를 찾아낼 수 있는 좋은 기회이기도 합니다. 그런 의미에서 일회적인 경연대회나 공모전보다는 정기적으로 운영하는 것이 더 유리할 수 있습니다. 수상자 중심으로 발굴하지만 수상하지 못한 지원자를 면밀하게 살피는 것도 중요합니다.

이때 미션은 아이디어와 함께 그들의 브랜드, 제품에 대한 호감과 지지를 구분해낼 수 있는 내용을 포함해야 합니다. 예를 들어 동영상 공모전을 진행할 때 동영상 기술자와 브랜드 지지자를 구분할 수 있는 미션을 주세요. 지지자는 혁신적인 아이디어를 내는 사람보다 '관계를 유지하고 육성할 수 있는 장기적 관점'에서 선발해야 합니다.

지지자 발굴 단계는 고객과의 모든 접점에서 우리 기업이나 브랜드에 관심을 가지고 적극적으로 참여하려는 지지자들을 찾아내는 과정입니다. 발견하는 과정이 투명하고 공개적이고 정례화된다면 더 많은 지지자를 쉽게 찾을 수 있습니다. 페이지를 넘겨 이렇게 발굴한 지지자들을 연결하는 방법에 대해서 살펴보겠습니다.

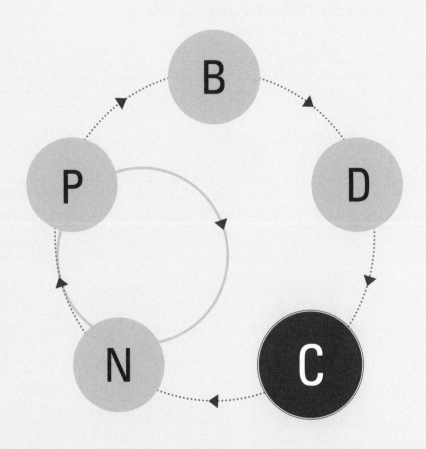

SFC 3단계:
지지자 연결(Connecting)

발굴로 찾아낸 지지자들을 서로 연결해 지지세력을 만드는 단계입니다. 지지자와 브랜드, 그리고 지지자와 지지자 사이를 모두 연결합니다. 이 단계에서는 지지자들에게 소속감을 부여하는 것이 핵심인데요, 브랜드 팬덤은 특정한 제품과 서비스를 지지한다는 동질감을 중심으로 팬덤에 소속되었다는 심리적 위안을 제공해주어야 합니다.

지지자들을 연결하려면 그들을 일반 고객과 구분 지어 부르는 이름을 지어주어야 합니다. 지지자들은 이에 특별함을 느끼고, 감정적으로 연결되며, 소속감이 생길 수 있습니다. 'tvN 유퀴즈온더블럭'을 살펴보죠. 방송을 보는 시청자를 '유퀴저'라고 하고, 열혈 시청자는 '자기님'이라 구분 지음으로써 고객들과 지지자, 팬덤을 구분 짓습니다. 뉴스레터 서비스 '뉴닉'은 구독자를 '뉴니커'라고 부릅니다. 이름을 지을 때 주의할 점은 2가지입니다.

첫 번째, 이름을 공들여 지어야 합니다. 대부분 브랜드나 제품명에 사람을 가리키는 접미사 'er'을 붙이는 정도지만 더 오래 사용하기 위해서는 고민이 필요합니다. 두 번째는 지지자, 팬의 입장에서 이름을 지어야 합니다. 대부분 성의 없어 보이는 이름들은 기업의 입장에서 짓기 때문입니다. 그들의 입장에서 자신감과 소속감을 느낄 수 있는 이름들을 고민해야 합니다. 여러분의 브랜드 팬덤, 서포터즈의 이름은 무엇인가요? 단순하게 '브랜드명+서포터즈'이거나 '브랜드명+기자단'은 아닌가요?

표2에서 아이돌 팬덤과 브랜드 팬덤의 이름에서 극명한 차이가 느껴지시나요? "나 ○○기업 서포터즈 2기야."라고 자랑한다면 듣는 사람들이 선망의 대상으로 바라봐줄까요? 이름 하나하나에 의미와 정성을 담아야 합니다.

비욘세의 베이하이브Beyonce's BeyHive 팬클럽은 자신들을 '비즈bees'라고 이름 짓고 팬클럽에서의 역할에 따라 이름을 세분화했습니다. 예를 들면 '워커비즈worker bees'는 비욘세의 인터넷 뉴스를 뒤지는 헌신적인 팬으로, 팬 사이트에 팁과 목격담으로 콘텐츠를 채우며, 비욘세 이름을 언급하는 모든 미디어 사이트에 대해 심도 있는 조사를 합니다. '허니비즈Honey bees'는 소셜미디어에서 비욘세를 빛내는 데 에너지를

그룹명	팬클럽명	의미
방탄소년단 (BTS)	아미 (ARMY)	방탄복과 군대는 항상 함께이므로 "방탄소년단과 팬클럽은 항상 함께", Adorable Representative MC for Youth(청춘을 위한 사랑스러운 대변자)의 머릿말.
갓세븐 (GOT7)	아가새 (IGOT7)	I GOT7 → 아이 갓세븐 → 아갓세 → 아가새
비투비 (BTOB)	멜로디 (MELODY)	BTOB는 Born To Beat의 약자, 비트와 멜로디가 만나면 노래가 된다.
레드벨벳 (Red Velvet)	레베럽 (ReVeluv)	ReVe(프랑스어로 꿈) + Luv 합성어. "레드벨벳과 팬들이 서로 아껴주고 사랑하는 사이가 되자."
몬스타엑스 (MONSTA X)	몬베베 (MONBEBE)	프랑스어로 몬Mon은 '나의', 베베Beve는 '아기'. "항상 몬스타엑스가 챙기는, 평생 함께하는 사랑하는 연인"
블랙핑크 (BLACKPINK)	블링크 (BLINK)	BLACK의 앞 글자 2개 + PINK의 뒷 글자 3개, "반짝이다." 블핑도 블링크도 반짝이 길만 걷자는 뜻.

표2 아이돌 그룹과 팬클럽명의 의미

씁니다. '킬러비즈Killer bees'는 비욘세에게 불리한 정보나 루머가 공유될 때마다 비욘세를 방어하기 위해 공격에 나서는 팬들입니다.[25]

"청년다방을 사랑해주시는 분의 애칭을 지어주세요." 커피와 떡볶이를 제공하는 프랜차이즈 청년다방이 진행한 이벤트입니다. 즉, 청년다방이 팬의 이름을 공모한 것이죠. 작명에 자신이 없으면 이렇게 고객의 참여로 지을 수도 있습니다. 최종적으로 청년다방이 얻게 된 그들 팬의 이름은 '영맨Youngman'입니다. 배달의민족 팬클럽의 이름은 '배짱이'입니다. 무슨 의미일까요? '배달의민족을 짱 좋아하는 이들의 모임'이란 의미로 배짱이 1기 팬이 지은 이름입니다.

최근 예능 프로그램 'MBC 놀면 뭐하니?'를 통해 결성된 유재석, 이

효리, 비의 파일럿 그룹도 팬들과 라이브 방송을 통해 '싹쓰리'라는 이름을 얻었습니다. 방탄소년단 아미의 굿즈 중 응원봉의 이름은 아미밤입니다. 팬들의 이름과 마찬가지로 굿즈에도 이름을 붙여주세요. 이렇게 이름을 붙이기 시작하면 다른 사람들과 구분 지어질뿐만 아니라 팬덤의 구성원은 소속감을 느끼게 됩니다. 이런 활동들이 그들만의 문화를 만드는 시작이 될 수 있습니다.

이후 실제 연결 방법은 해시태그를 사용하거나 온라인 카페, SNS 채널을 활용하거나 별도의 목적으로 운영하는 독립적인 플랫폼을 이용하는 방법 중에서 상황에 맞추어 선택하면 되겠습니다.

팬덤의 대상이 지지자와의 연결고리

지지자들을 연결하기 전에 확인해야 할 것이 있습니다. 연결 지으려는 브랜드 팬덤의 대상을 정확하게 구분 지어야 일관성 있게 다음 단계까지 진행할 수 있습니다. 브랜드 팬덤의 대상이 팬덤의 '굿즈'로 집중될 수 있습니다. 가령 스타벅스는 다양한 굿즈들을 출시하고 있는데요, 최근 여름 한정 증정품으로 출시된 '서머레디백'을 얻으려 무려 300잔의 커피를 한꺼번에 산 고객이 화제가 되기도 했고, 중고시장에서 웃돈을 얹어 사는 등 열풍이 일었습니다. '스벅 덕후'라 불리는 스타벅스의 브랜드 팬덤은 '스타벅스는 커피 문화의 선구자이자 전문적이고 체계적인 방식으로 최고의 커피를 판매한다.'는 이미지를 자신의 이미지와 동일시하기 위해 굿즈에 열광하고 있습니다.[26]

제품의 특별한 '기능'이 팬덤의 대상이 될 수도 있습니다. 앞서 브랜드 팬덤은 팬들끼리 제품에 대한 정보와 사용 경험을 축적하고 공유해서 집단적으로 그들만의 사용 가치를 발굴한다고 했습니다. 브랜드 팬덤이 찾아낸 제품의 '사용 가치'가 팬덤의 대상이 되는 경우입니다. 씽크패드 노트북 키보드의 키감과 일명 빨콩(마우스 커서를 이동시키는 빨간색 포인팅스틱)의 편리함을 잊지 못한 팬들은 IBM에서 레노버로 기업이 바뀌었어도 씽크패드에 열광합니다. 수많은 갤럭시 덕후들이 아이폰으로 갈아타지 못하는 이유 중 하나가 갤럭시에만 있는 분할 기능과 팝업 기능이듯이 말입니다.

브랜드가 지지하는 가치를 함께 지지하는 팬덤도 있습니다. "우리는 지구를 되살리기 위해 사업한다."고 천명한 파타고니아Patagonia는 말 그대로 환경을 보호하는 기업에서 살리는 기업으로 사명을 고쳐 쓰고 47년 동안 일관된 가치를 지켜왔습니다. '제품이 지지하는 가치'가 대상이 될 수도 있습니다.

아디다스의 퓨처크래프트 루프Futurecraft Loop는 해양 플라스틱 쓰레기를 재가공해서 신발을 만들고, 사용하다가 더러워지면 아디다스에 반납해서 공장에서 분쇄한 후 다시 새 신발로 생산해주는 제품입니다. 소비의 의미가 자아를 실현하는 채널이자 수단으로 확장된 MZ세대에겐 지지하고 싶은 제품이죠.

팬덤의 대상이 무엇인지 이해하고 그 대상을 중심으로 소속감과 공동체 의식을 만들어주는 전략이 먼저 정리되어야 합니다. 그리고 그 전략은 일관되어야 합니다. 예를 들어 브랜드가 지지하는 가치를 팬덤의 대상으로 하는 브랜드 팬덤을 제품 중심의 커뮤니티로 연결하면 오히려 달라진 브랜드의 모습에 팬덤의 역습이 시작될 수 있습니다. 팬덤의 대상을 정확하게 이해하는 것이 중요합니다.

만약 당신의 브랜드나 기업이 여러 가지 제품이나 서비스를 제공하거나, 여러 브랜드를 가졌다면 팬덤의 대상을 따로 구분 지어주어야 합니다. 영국의 미용·위생용품 브랜드 도브를 예로 들어볼게요. 아름다움을 비현실적 이미지로 묘사해 어딘가 모르게 불안하고 열등하다는 이미지를 심어왔던 이전 광고들에 반해 피부색이나 이목구비의 형태에 관계없이 자신을 가꾸는 여성은 모두 아름답다는 메시지의 '리얼뷰티' 캠페인을 도브가 실행합니다. 이 캠페인은 전 세계를 대상으로 성공적으로 수행되어 도브의 팬덤을 만들었습니다.

그런데 도브의 모기업인 유니레버의 브랜드 중 액스Axe는 젊은 남성을 타깃 고객으로, 인간의 성적 매력만을 전면에 내세워 광고합니다. 또 페어앤드러블리Fair&Lovely라는 브랜드는 어두운 피부를 가진 여성들을 타깃으로 미백 제품을 판매하고 있습니다. 도브의 리얼 뷰티와 전면으로 반하는 가치를 추구하는 브랜드들이죠. 만약 리얼뷰티 캠페인의 팬들을 확장해 모기업인 유니레버의 팬덤으로 확장하려 한다면 거

센 반감을 살 것입니다. 유니레버는 이런 위험을 대비해 브랜드별로 고객관리 및 마케팅을 철저히 구분 지어 활동하고 있습니다. 팬덤도 마찬가지로 관리하고 있죠.

브랜드 커뮤니티의 구축

팬덤의 대상을 명확히 했다면 이제는 '브랜드 커뮤니티'를 구축해 연결을 구체화해야 할 시점입니다. 기업들은 지지자들을 발굴하면 대부분 그들을 한군데 모아 가두어두고자 브랜드 커뮤니티를 활용하는데, 오히려 위험할 수 있습니다. 그리고 브랜드 커뮤니티는 제품 중심보다는 그들이 지지하는 가치 중심적으로 설계되어야 하며 수익을 얻기 위해 만들어져서도 안 됩니다.

먼저 커뮤니티의 3가지 유형에 대해서 알아봅시다. 전략 및 혁신 컨설팅 업체인 점프어소시에이트Jump Associates에 따르면 커뮤니티는 풀 Pools, 허브hubs, 웹Webs의 3가지 유형으로 나뉩니다.[27]

먼저 풀 커뮤니티는 커뮤니티 구성원끼리 개인적인 교류나 관심은 없지만 공유 활동 또는 공유 가치를 중심으로 서로 느슨한 관계로 연결되는 유형입니다. 애플 애호가, 미국 공화당과 민주당 등 공통의 활동이나 가치로 연합하는 커뮤니티입니다. 대부분 커뮤니티는 이런 풀 기반의 접근 방식을 채택했습니다. 기업도 마찬가지고요. 소비자와 브

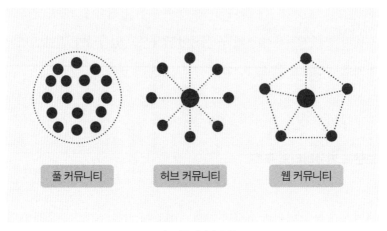

| 풀 커뮤니티 | 허브 커뮤니티 | 웹 커뮤니티 |

그림6 커뮤니티의 유형

랜드를 정서적으로 연결하는 명확한 가치를 식별하고 지속적으로 전달하는 방식입니다. 구성원의 개별 활동을 관계로 엮지 못하면 커뮤니티를 이탈하는 위험이 있습니다. 커뮤니티를 강화하고 확장하기 위해서는 허브, 웹 모델과 절충이 필요합니다.

허브 커뮤니티는 카리스마 넘치는 인물을 중심으로 형성되며, 구성원끼리는 약한 연결 관계를 가지고 있습니다. 레이디가가의 리틀몬스터와 비욘세의 베이하이브 등 팬클럽에서 살펴볼 수 있는 유형입니다. 허브 유형은 중심인물이 존재하지 않으면 분리될 수 있는 불완전한 커뮤니티지만, 인물을 중심으로 강력하게 움직이는 특성을 가지고 있습니다. 허브 유형을 활용하면 새로운 회원을 확보할 수 있습니다. 할리데이비슨의 애호가인 전문 스케이트 보더 히스 키차트Heath Kirchart와 연계해 할리데이비슨은 젊은 대중을 커뮤니티에 끌어들일 수 있었고, 마이클 조던이나 타이거 우즈를 활용했던 나이키도 허브 유형을 활용했습니다.

웹 커뮤니티는 비슷하거나 보완적인 요구를 가진 사람들이 일대일 대인관계를 중심으로 연결되는 유형입니다. 다양한 사람들과 다양한 관계로 묶여 있기 때문에 가장 강력하고 안정적인 형태의 커뮤니티입니다. 개인 간의 연결과 교류가 중요한 페이스북과 암을 극복한 생존자, 암환자와 가족, 의사들이 암투병 경험과 암과 관련된 지식과 정보를 개별적으로 공유하는 암 생존자 네트워크Cancer Survivors Network에서 살펴볼 수 있습니다.

성공적인 브랜드 커뮤니티를 구축하기 위해서는 3가지 유형의 커뮤니티의 특성을 목적에 따라 적절히 보완하며 활용해야 합니다. 가장 안정적인 커뮤니티의 형태는 이 유형들이 골고루 결합된 유형이기 때문입니다. 지금부터는 이러한 3가지 커뮤니티의 특성을 가지고 브랜드 커뮤니티를 운영하는 방법을 살펴보겠습니다.

해시태그와 뉴스레터

해시태그는 '#+특정 단어' 형식으로 구성됩니다. 특정 단어에 관한 콘텐츠라는 것을 표시한 기능입니다. 해시태그를 클릭하면 이와 관련한 콘텐츠를 모아서 볼 수 있습니다. 해시태그를 잘 활용하면 공동의 가치를 추구하는 풀 커뮤니티를 구성할 수 있습니다. 기업이나 브랜드가 커뮤니티에 적극 개입하지 않아도 운영이 가능하지만, 느슨한 관계이므로 이탈이 잦을 수 있습니다. 여기에 웹 커뮤니티에서 이루어지는 개인 간의 관계 기능을 추가로 보완하면 좋습니다. 즉, 해시태그의 기능을 이해하고 개인들을 연결 지어야 합니다.

초기에 해시태그는 트위터 사용자들이 그들 그룹의 콘텐츠를 구분 짓기 위해 사용했습니다. 커뮤니티의 트윗을 구분하는 아이디어에 사용된 '#Barcamp'를 시작으로 샌디에이고 화재 사건 발생 시 관련 콘텐츠에 해시태그 '#sandiegofire'를 활용해 같은 주제의 콘텐츠를 모으는 데 사용하기도 했죠. 2009년 트위터는 사용자들이 먼저 사용하기 시작한 해시태그를 공식 서비스로 지정합니다. 지금은 트위터뿐만 아니라 인스타그램, 카카오스토리, 페이스북, 핀터레스트 등 다양한 소셜미디어에서 해시태그를 사용하고 있습니다.

국내에서 해시태그는 트위터를 지나 페이스북에 이르러 본래의 의미와는 다르게 콘텐츠 본문과 반하는 반전의 재미를 주는 데 사용했습니다. 기업들도 고객들과 마찬가지였고요. 최근 이 해시태그는 음악, 예술, 사진, 동영상 등 특정 정보에 관심 있는 사람들끼리 관계를 만들고 있어 다시금 주목받고 있습니다.

국내 기업들의 해시태그의 활용은 아직 효과적이지 않습니다. 대부

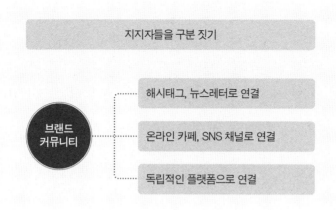

그림7 지지자들을 연결하는 방법

분 '#'+'브랜드명', '#'+'제품명'의 해시태그를 써 해당 브랜드나 제품의 사진 또는 관련 사진을 수집하는 단순한 이벤트를 벌이는 데만 집중되어 있습니다. 조금 더 장기적이고 적극적으로 활용하는 방법을 찾아보면 어떨까요? 홈페이지의 URL을 대신하는 방법도 있습니다. 기업의 홈페이지라고 하면 온라인 상에 기업이나 브랜드, 제품, 서비스 정보를 업로드 하고 이 정보를 찾아볼 수 있는 URL 주소를 부여한 것입니다.

소셜 웹의 시대는 어떠한가요? 페이스북, 트위터, 유튜브, 인스타그램 등 다양한 소셜미디어 채널에 기업의 정보, 제품정보들이 흩어져 있습니다. 이러한 정보는 기존의 URL 주소로 찾아보기는 어렵습니다. 해시태그를 활용해야 합니다. 각 소셜미디어 채널에 기업 정보를 포스팅할 때 공통의 해시태그를 포함하면 모아 볼 수 있습니다.

지금부터 해시태그를 활용해 고객을 모으고 지지자를 연결하는 가장 느슨한 브랜드 커뮤니티 구축법에 대해 살펴보겠습니다. 첫 번째, 기업의 콘텐츠를 특정한 주제에 맞춰 노출하면 고객의 관심을 유도할 수 있습니다. 예를 들면 패션업체에서 신제품을 소개하는 소셜 콘텐츠를 발행하면서 '#옷스타그램', '#신스타그램', '#스타일' 등의 해시태그를 삽입하면 해당 관심사를 가진 고객들에게 콘텐츠를 노출하고 공유할 수 있습니다. 이때 주의할 점은 고객들이 많이 사용하는 관련 해시태그를 찾아내는 것입니다.

탑해시태그닷컴(www.top-hashtags.com)과 같은 인기 해시태그를 모아볼 수 있는 서비스를 이용하거나 직접 콘텐츠를 배포할 소셜미디어 서비스에서 해시태그를 검색해 찾아내야 합니다. 이 작업이 '#'+'브랜드명', '#'+'제품명'으로 진행하는 것보다 효과적입니다. 마켓컬리는 기업명과 관계없이 '#온더테이블'의 해시태그를 지속적으로 활용해 이 해시태그의 연관 1등 브랜드 자리를 차지하고 있습니다.

두 번째, 기업의 관심사로 고객들을 유도하고 모을 수 있습니다. 일반적으로 기업들이 사용하고 있는 방법입니다. 하이네켄이 맞춤형 생맥주 품질관리 프로그램인 '스타서브Star Serve'를 시작하면서 방문 인증샷을 수집하는 인스타그램 이벤트를 진행했습니다. 이때 고객들의 인증샷을 모으는 역할은 '#스타서브' 해시태그였죠.

서비스명이 아닌 제품의 특징을 활용하는 경우도 있습니다. 닛산은 전기자동차 '리프'의 경제적인 장점을 알리기 위해 '#6xcheaper'를 활용했습니다. 리프가 휘발유 차보다 6배나 경제적으로 저렴하다는 점을 강조한 것이죠. 나아가 리프는 트위터에서 '#6xcheaper'를 포함한 목적지가 담긴 트윗을 선별해 무료로 태워주는 택시 이벤트를 실행했습니다.

세 번째, 고객과 고객을 공통의 주제로 연결하고 참여하는 놀이를 만들 수 있습니다. 인스타그램에 해시태그 '#ootd'를 검색하면 약 5,200만 건의 콘텐츠가 등장합니다. 여기서 'OOTD'는 오늘의 패션을 뜻하는 Outfit Of The Day의 약자로 '데일리룩'을 뜻하는 말입니다. 즉 매일 자신이 입은 패션을 공유하는 놀이입니다. 기업들이 이러한 놀이를 만드는 것이 가능할까요?

스타벅스코리아는 크리스마스 시즌에만 한정적으로 출시되는 스타벅스 레드컵을 '#스타벅스레드컵' 해시태그를 활용해 매해 사진 이벤트를 진행했습니다. 이제는 스타벅스 매장에서 스타벅스 레드 관련 상품을 촬영하고 해시태그를 달고 공유하는 것은 고객들이 스타벅스에서의 경험을 공유하는 놀이가 되었습니다.

'#'+'브랜드명'+'Stories'는 일반적으로 브랜드나 제품의 후기를 공유하는 해시태그입니다. '#BMWStories'나 '#McDStories' 등 BMW나 맥도날드를 경험한 고객들의 후기를 연결하는 캠페인으로 진행되고 있습니다. 현대자동차의 '#hyundaifunday', '#hyundaiview'같이 좀 더 구체적인 상황을 후기와 연결해 이미지를 만들어줄 수도 있습니다.

제품이나 브랜드가 아니라 그들이 지지하는 가치와 연결할 수도 있습니다. 삼성전자 갤럭시와 카메라 어플 유라이크Ulike가 진행한 '#노필터챌린지', '#솔직한너의모습을보여줘'는 내가 좋아하는 나의 모습 그대로 살아가는 문화를 지지하는 가치와 제품의 장점을 연결한 해시태그 캠페인으로 참가자들의 공감을 얻는 느슨한 커뮤니티를 만들기도 했습니다. 풀과 웹의 유형이 적절히 결합된 커뮤니티를 구성했죠.

기업이 해시태그를 활용할 때 주의할 점은 먼저 고객들의 놀이로부터 시작되었음을 명심해야 한다는 것입니다. 기업도 놀이의 룰에 따라 해시태그의 재미를 담아야 합니다. '#먹스타그램(음식 주제)', '#맛스타그램(맛집 주제)', '#멍스타그램(애견 주제)', '#셀스타그램(셀카 주제)', '#인스타굿(좋은 기분)' 등 신조어들이 해시태그에 등장하고 있습니다. 브랜드나 제품명을 활용하는 것도 좋지만 먼저 재미 요소를 담아내는 것이 중요합니다.

해시태그에 트렌드 키워드나 캠페인의 메시지를 담는 것도 유용합니다. 이때 해시태그는 활용할 사람의 입장이나 관점에서 만드는 것이 좋습니다. 예를 들어 앞서 언급한 '#솔직한너의모습을보여줘'라는 해시태그는 사용자 관점에서 '#솔직한나의모습을보여줄게'로 바꾸는 것이 더 자연스러웠으리라 생각합니다. 만들어진 해시태그는 기업 소셜미디어 전반에 공통으로 활용하면 좋습니다.

네 번째, 만들어진 해시태그를 활용한 놀이를 개발하면 좋습니다. 중요한 것은 기업은 놀이터를 만들어주는 역할이지, 주인공이 되어서는 안 된다는 점입니다. 영화 '캡틴 아메리카: 시빌 워'는 어벤져스 멤버들이 캡틴 아메리카와 아이언맨을 중심으로 대립하는 과정을 그리고 있습니다. 개봉 당시 영화 내용에 맞추어 캡틴 아메리카와 아이언맨 중 누구를 지지하는지 해시태그로 정체성을 선언하는 이벤트가 진행되었습니다.[28]

주연 배우인 크리스 에반스와 로버트 다우니 주니어는 각각 '#팀캡(TeamCap)', '#팀아이언맨(TeamIronman)' 해시태그를 SNS에 게재했습니다. 여기에 '데드풀'의 주인공인 라이언 레이놀즈는 '데드풀'을 향한 극찬을 아끼지 않은 크리스 에반스의 트위터에 '#TeamCap' 해시태그와 함께 캡틴 아메리카를 지지한다고 밝히기도 했죠. 이후 네티즌들 역시 해시태그로 자신이 응원하는 팀과 그 이유를 SNS에 게재하는 참여가 이어졌습니다. 해시태그를 활용해 자신이 지지하는 가치를 선언함으로써 서로를 연결할 수 있음을 보여주는 사례입니다.

정보를 빠르게 제공하는 뉴스레터를 통해 브랜드 커뮤니티를 구축할 수 있습니다. 이메일로 전달되는 뉴스레터는 일반적으로 브랜드 커뮤니티의 정보를 전달하는 매체이지만 그 자체로 충분히 커뮤니티를 구성할 수 있죠. 물론 결속력이 약한 풀 커뮤니티인데, 팬들 간의 개인적인 교류가 거의 없는 방식이라 기업이 운영하기에 부담이 적습니다. 팬들의 바이럴 활동을 독려하는 기능으로만 팬덤을 운영할 때 적합한 매체입니다.

앞서 언급했듯이 팬들의 정보 수집 활동에 도움이 되는 정보들을 제공하는 것이 중요합니다. 기업의 제품이나 브랜드의 독점적인 정보들, 다른 곳에서는 들을 수 없는 비하인드 스토리 등 그들이 정보를 수집해서 확산할 때 선망의 대상이 될 수 있는 수준의 정보를 제공해야 합니다. 주기는 일정하게, 대신 신상품 정보나 중요한 뉴스가 있을 때만 호외로 긴급하게 전달하도록 계획하면 좋습니다. 반대로 전달할 정보가 일반적인 정보이거나 다른 고객들도 쉽게 접할 수 있는 정보뿐일 때는 뉴스레터를 발송하지 않는 것이 좋습니다.

뉴스레터는 지지자나 팬들에게 그들이 좋아하는 대상에 대해 빠르고 새롭고 독점적인 정보를 제공함으로써 커뮤니티를 유지하고 입소문 효과를 거둘 수 있습니다.

온라인 카페와 SNS 채널로 연결

기업들이 일반적으로 사용하는 방법입니다. 브랜드의 지지자를 연결 지어 네이버나 다음과 같은 온라인 카페 플랫폼을 활용해 브랜드 커뮤니티를 구축하는 방식입니다. 이렇게 만들어진 온라인 카페는 대부분 브랜드 커뮤니티 운영에서 효과를 거두지 못합니다. 기업의 특성상 온라인 카페 운영이 어려운 점을 감안하더라도 대부분 초기의 의욕과 달리 좋지 않은 결과를 얻게 됩니다.

기업들이 온라인 카페 플랫폼 활용에서 실패하는 이유는 여러 가지입니다. 첫 번째, 단기적인 프로모션으로 시작하기 때문입니다. 대부분 이벤트 행사를 진행할 때 커뮤니티를 한시적으로 운영하다 보니 지속되기 어렵습니다. 두 번째, 온라인 카페 운영의 중심축이 없거나 대행사에게 일임하기 때문입니다. 그러다 보니 지속적인 콘텐츠 개발과 재미있는 경험을 제공하기보다는 이벤트를 몇 번 진행하고 제품과 관련된 뉴스를 발행하는 단순한 홍보 수단으로 전락하다 보니 멤버들이 하나둘씩 떠나게 됩니다.

무작정 온라인 카페를 개설하기보다 커뮤니티의 목적, 콘셉트, 공동의 규칙 등을 먼저 정의하고 시작해야 합니다. 지지자들이 팬덤의 대상으로 삼는 주제를 중심으로 커뮤니티를 설계해야 합니다. 그리고 기존 커뮤니티의 일반적인 규칙에 콘셉트나 목표에 충실한 항목들을 추가해 브랜드 커뮤니티의 규칙을 설정합니다. 또한 브랜드 커뮤니티를 주도적으로 운영할 핵심 멤버와 팬들이 교류할 수 있는 지속적인 콘텐츠 프로그램이 필요합니다. 단순히 기업이 가지고 있는 콘텐츠를 밀어내는 방식의 콘텐츠 업데이트가 아니라 브랜드 커뮤니티를 위한 특화된 콘텐츠가 기획, 제작되어야 합니다.

브랜드 팬들을 한군데 모으기 위해 가장 쉬운 방법이 온라인 카페 플랫폼을 활용하는 것입니다. 여기에 장기적인 관점에서 운영이 이루어진다면 강력한 브랜드 팬덤으로 연결하는 방법이 될 수 있습니다. 단, 온라인 카페로 기업의 수익을 올리려 해서는 안 됩니다. 지지자들을 담을 그릇으로 시작할 생각이라면 오히려 보상이 있어야 합니다.

SNS 채널을 활용해 지지자들을 연결하는 방법은 접근은 쉬워 보이나 철저히 준비해야 합니다. 온라인 카페와 마찬가지로 SNS 채널의 팬, 팔로워, 구독자들을 100% 기업의 의도대로 활용할 수가 없으니까요. 각 플랫폼 서비스 업체의 규정과 제약이 있기 때문이죠. 앞서 탈 소셜미디어 현상에서 말씀드렸듯이 러쉬가 그 많은 팬과 팔로워를 포기하고 독립 플랫폼으로 이전하는 이유가 바로 이 때문입니다. 그리고 SNS 채널은 온라인 카페와 달리 공개적으로 브랜드 커뮤니티를 운영해야 하므로 여러 가지 규정과 기획이 사전에 충분히 이루어져야 합니다. SNS 채널을 활용한 커뮤니티는 개인 간 관계가 활성화된 웹 유형입니다. 지지자 간의 관계를 설계하고 시너지를 낼 수 있는 활동들을 추가로 고민해야 합니다.

온라인 카페 플랫폼과 SNS 채널과 같이 이미 준비된 커뮤니티 플랫폼을 활용하는 방식은 지지자들을 연결하고 시작하기에는 편리하다는 이점이 분명합니다. 그러나 콘텐츠나 서비스가 독립적인 플랫폼에 비해 상대적으로 제한적이어서 커뮤니티만의 차별점이 있는 콘텐츠나 기본적인 이벤트를 꾸준히 만들어야 합니다. 이 점이 장기적인 운영에 큰 부담으로 작용할 수 있으므로 사전에 충분히 검토하고 개설해야 합니다.

독립적인 플랫폼으로 연결

일반적인 커뮤니티가 아닌 구체적인 주제나 목적이 있는 경우에 활용하는 연결 방법입니다. 브랜드 커뮤니티 플랫폼보다 상대적으로 콘텐츠 업데이트의 부담을 줄이고 미션을 통한 참여를 기반으로 운영되는 방식입니다.

아웃도어 브랜드 블랙야크의 '블랙야크 알파인 클럽'은 젊은 층까지 흡수해 회원 수가 약 12만 명에 이릅니다.[29] 이들은 산행 대신 세션이라는 말을 쓰며, 산악회나 회원을 클럽과 크루로 표현합니다. 산길을 달리는 트레일 러닝, 퇴근 후에 즐기는 야간 산행, 쓰레기를 주우면서 산을 오르는 클린 세션 등 다양한 활동이 이루어지죠. 정상에 올라 인증 사진을 남기면 그 산의 해발고도만큼 블랙야크 매장에서 현금처럼 사용이 가능한 포인트를 적립해주는 것도 특징입니다. 블랙야크 알파인 클럽의 독립적인 앱을 활용해서 연결하고 있습니다.

2019년 12월 LG전자가 만든 LG서포터즈는 자사 제품의 다양한 후기를 연결한 독립 플랫폼입니다. 목적은 LG전자 고객들의 후기를 한곳에 모으는 용도였습니다. 놀라운 것은 각 고객의 소셜미디어에 등록된 고객들의 후기를 서로 연결하는 것이 아니라 고객들이 직접 사이트에 방문해서 후기를 남기는 방식이었습니다. 후기 가이드는 크리에이터들이 먼저 만들어 공개한 것을 참조하라고 하고 말이죠(현재 해당 사이트는 비활성화되어 있습니다).

기업이 만든 독립 플랫폼에 지지자들의 후기를 가두어놓는 것은 후기의 신뢰도를 떨어뜨리는 가장 쉬운 방법입니다. 독립 플랫폼으로 지지자를 연결할 때는 연결된 지지자들의 활동이 고객에게 '선망의 대상'이 되도록 만들어야 합니다. 그리고 정보의 수용자 입장에서 정보를 구성하고 기획해야 한다는 것을 잊으면 안 된다는 교훈을 줍니다. 독립적인 플랫폼을 제작할 때도 팬덤의 대상과 콘셉트를 반영한 디테일한 기획이 필요합니다.

독립 플랫폼을 설계할 때 최근 팬테크Fan-Tech의 트렌드를 참조하세요. 팬테크는 팬Fan과 테크놀로지Technology의 합성어로, 팬 대상 서비스와 IT 기술이 융합된 새로운 서비스를 말합니다. 말 그대로 이제 덕질을 신기술로 편하게 하는 세상입니다. 대표적인 예가 케이팝 팬덤 앱 '블립', 빅히트엔터테인먼트의 자회사 비엔엑스BNX의 팬커뮤니티 앱 '위버스' 등 팬들의 활동을 지원하는 서비스입니다. 브랜드 팬덤의 플랫폼도 이제 브랜드 팬을 모아두는 것에 목적을 두지 말고 그들의 활동을 지원하는 방식으로 설계되어야 합니다.

연결 단계에서 가장 중요하게 생각할 부분은 '소속감'입니다. 지지자들이 지지세력에 소속감을 느끼게 만들어야 합니다. 소속감을 줄 수 있는 장치로 굿즈를 활용할 수 있습니다. 굿즈는 팬덤 문화에서는 MD Merchandise라고도 하며 팬을 대상으로 디자인한 상품입니다. 연예인 관련 소품 및 연예인을 찍은 사진, DVD 또는 애니메이션 캐릭터가 그려진 티셔츠, 스티커, 액세서리 등을 일컫습니다. 팬들이 모이는 곳에 항상 등장하는 굿즈는 각 팬덤을 구분 짓는 차별점이자 팬들이 집단에 소속되어 있음을 증명하며, 대상 아이돌을 현실에서도 쉽게 떠올릴 수 있는 중요한 매개체입니다. 이런 이유에서 여러분의 브랜드 팬덤에 걸맞은 공식 굿즈를 제작하면 좋습니다. 제작할 때는 디지털 크라우드 컬처인 인스타워시를 우선으로 고려하고, 팬덤의 대상이 되는 브랜드의 스토리를 담을 수 있어야 합니다.

미국 및 서구권에서는 외국 팬들이 '#ProudBTSArmy'라는 해시태그를 달아 나이, 직업과 함께 자신이 아미라는 정체성을 밝히는 유행이 일었습니다. 여전히 케이팝 팬이라고 하면 소수자의 취향을 가졌다거나 주변에서 선입견을 가지기 때문이었죠. 자신의 팬덤에 대한 정체성을 선언하고 스스로 소속감을 다지는 계기가 되는 이 프로젝트는 지지자들을 연결할 때 참조하면 좋겠습니다.

물론 그전에 브랜드 팬들에게 소속감을 느끼도록 그들만이 누릴 수 있는 혜택을 준비하고 기회들을 제공해야 합니다. 샤오미 팬들을 모아 파티를 여는 미페스티벌과 같이 오프라인에서의 연결도 좋은 생각입니다. 온라인에서의 연결은 대부분 느슨한 정도의 관계를 유지하므로 정기적인 모임, 팬파티의 진행으로 결속을 다져줄 수 있습니다. 이렇게 다양한 방법으로 브랜드 지지자들 간에 연결이 이루어지면 이제 지지자들을 브랜드 팬으로 진화시키기 위한 육성 단계를 시작할 차례입니다.

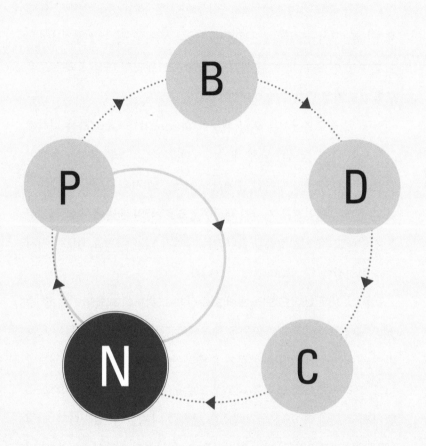

SFC 4단계:
팬으로 육성(Nurturing)

"알면 참으로 사랑하게 되고 사랑하면 곧 참으로 보인다(知則爲眞 愛 愛則爲眞看)." 조선시대 문장가인 유한준의 글입니다. 지지자들이 기업이나 브랜드를 더 사랑할 수 있도록 좋아하는 것을 더 잘 알 수 있게, 사랑하는 것을 더 사랑하게 하는 단계입니다. 즉, 브랜드 팬으로 육성하는 단계입니다. 그간 기업들이 브랜드 서포터즈, 기자단 등으로 함께해온 지지세력들의 활동을 살펴보면 여지없이 콘텐츠 제작이 미션입니다.

이제 팬덤의 세계는 제한과 경계가 없어 더는 관리 대상이 아닙니다. 그들에게 강력하게 소속감을 부여하려면 폐쇄된 공간에 묶어두는 것으로 해결되지 않습니다. 너른 광장에서도 자발적으로 모이도록 하는 '참여감'이 가장 효과적입니다. 그러려면 좀 더 다양한 프로그램으로 참여감을 불어넣어줄 필요가 있습니다. 이 참여감은 양방향 소통과 유대감으로 이루어지니까요.

사실 기업들이 브랜드 팬을 육성한 경험이 많지 않습니다. 잠시 팬덤의 원조 격인 국내 아이돌 팬덤의 흐름을 살펴보죠. H.O.T 세대인 1세대 팬덤은 10대 청소년 층을 주축으로 구성되었고 스타에 대한 충성도가 높은 '무조건적인 추종자'의 성격이 강했습니다. 이후 동방신기 세대의 2세대 팬덤은 경제력이 있는 20, 30대로 확대되면서 조공 문화가 등장하다 보니 필요에 따라 스타를 향유하며, 스타에게 자신들이 바라는 '고객 감동'을 요청할 수 있는 소비자로서의 권력 확장이 이루어집니다. 최근에는 '프로듀스×101' 세대인 3세대 팬덤이 등장합니다. 이제는 팬들이 아이돌 생산의 기획 단계에 적극적으로 참여해 기획자로서 권력을 갖고 아이돌을 관리하고 양육하는 등 프로듀서 역할을 맡음으로써 그 지위가 높아졌습니다.

아이돌 팬덤은 이렇듯 3세대까지 진화했는데, 기업의 브랜드 팬덤은 무조건적인 추종자 성격을 띠는 1세대 팬덤에 머무르고 있습니다. 구축하고자 하는 브랜드 팬덤이 있다면 최근 팬덤 문화를 참조해 눈높이를 맞추려는 고민이 필요합니다. 육성 단계에서는 지지자들에게 참여를 기반으로 브랜드의 학습 거리, 이야깃거리를 제공해 브랜드와 협업할 것들을 지속적으로 제공해주어야 합니다.

브랜드의 학습 거리는 팬들의 피드백을 받을 수 있는 방법과 함께

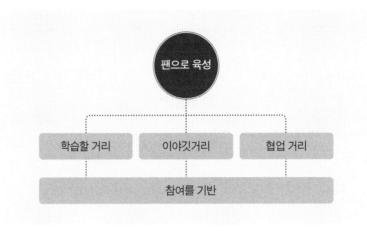

그림8 팬으로 육성하기

제공되어야 합니다. 사람들은 통제받는 것보다 자유의지로 활동하기를 원하기 때문에 학습 거리를 제공하되 학습을 강제해선 안 됩니다. 우수한 활동을 한 팬들에게 더 많은 보상을 제공해 스스로 결정할 수 있도록 해야 합니다. 기업은 그들에게 더 재미있고 유익한 학습 거리를 개발하는 데 집중해야 하죠.

가령 제품이나 브랜드의 탄생 비화, 배경, 비하인드 스토리, 제작자 스토리부터 제품의 숨겨진 기능, 다양한 활용법 등 잘 알려지지 않은 브랜드 스토리까지 누구보다 빠르게 독점적으로 제공하는 것이 중요합니다.

무대 뒤의 모습과 일상을 인터넷으로 꾸준히 올리는 일기 형식의 '방탄로그'는 아미에게 팬덤의 이야깃거리를 제공했습니다. 팬덤 사이에서 입소문 나는 것은 시간 문제였죠. 이처럼 브랜드 지지자에게 브랜드의 학습 거리, 이야깃거리를 지속적으로 제공해주어야 합니다.

팬덤 수다와 세계관

LG전자의 '더블로거'는 우호적 영향력자를 대상으로 LG전자의 신제품 정보, 제품 활용팁 등 팬덤의 이야깃거리를 지속적으로 제공했습니다. 오뚜기는 8,888명만이 함께할 수 있는 비공개 계정 '오뚜기 해적선'을 통해 신제품에 대한 정보를 우선적으로 제공하거나 특가, 증정 이벤트를 진행하는 팬덤 수다의 장을 마련했습니다. 물론 오뚜기 해적선에 있는 8,888명의 선원을 선착순으로 팔로우하는 것이 아닌 오뚜기를 지지하는 사람들을 선발해 지지세력으로 채웠으면 더욱 효과적이었을 것입니다.

팬덤 내에서 이야깃거리를 대외적으로 확장하는 '챌린지' 프로그램을 활용하는 것도 좋은 방법입니다. 팬덤의 놀이처럼 챌린지가 시작되었다가 대중으로 확장된다면 팬들의 소속감과 성취감은 커질 것이고, 일반 고객들의 팬덤 유입도 늘어날 것입니다. 챌린지 프로그램을 기획할 때는 사람들이 참여하는 이유를 이해하는 것이 도움이 됩니다. '그냥 재미있어서', '혜택이나 경품 때문에', '나의 이미지에 도움이 되어서', 즉 있어 보여서 등이 그 이유입니다. 이 3가지 요소를 적절히 활용하는 것이 좋겠습니다.

하나 더 말하자면 팬들의 특징을 활용하는 방법도 있습니다. 밀워키와 같은 전동 브랜드의 팬덤에서 공구 덕후들의 특징을 활용한 '밀워키 장비 테트리스 챌린지'를 예로 들어 보겠습니다. 공구 덕후들은 그들의 장비를 수집하고 자랑하기를 좋아하는 속성이 있습니다. 이런 속성을 활용해 자신의 장비를 테트리스처럼 펼쳐놓고 인증샷을 공유하는 챌린지를 진행한 것이죠. 다른 팬들의 장비를 살펴보고 새로운 장비에 대한 구매욕을 불러일으킬 수 있어 매출과도 연관 지을 수 있습니다.

"목숨을 바친 도비를 죽인 것을 사과드린다." 매년 5월 2일 '호그와트 전쟁 기념일'이 되면 해리포터 시리즈의 작가인 J. K. 롤링은 자신의 트위터 계정을 통해 해리포터의 팬들에게 사과합니다. 해리포터 팬들이 지닌 세계관을 지속적으로 유지하기 위한 일종의 팬서비스입니다.

MZ세대들은 '아이언맨'과 '헐크' 등 마블 시네마틱 유니버스MCU를 경험하면서 하나의 세계관과 그에 따르는 구체적인 설정, 스토리텔링에 익숙해져 있습니다. 팬덤도 그들만의 세계관을 유지하고 존중받길 원합니다. 'MBC 놀면 뭐하니?'의 유산슬, 빙그레의 빙그레우스, 펭수 등 요즘음 인기 있는 캐릭터들은 그들만의 세계관을 가지고 있습니다. 육성 단계에서 브랜드 팬들에게 디테일한 세계관을 만들어주는 것도 필요합니다.

진정한 팬덤은 지지자들의 관심 있는 부분을 계속 수집하고 재가공하고 확산하는 양상을 보입니다. 기업은 그들의 활동을 지원해야 합니다. 다양한 학습 거리와 이야깃거리를 지속적으로 가공하고 팬덤의 세계관을 일관되게 유지해야 합니다.

고객과의 협업 모델

제품이나 서비스 등 팬덤의 대상이 팬들의 참여와 의견에 따라 변한다는 것은 정말 놀라운 경험입니다. 육성 단계에서 지지세력의 참여와 의견을 받아 협업하는 프로그램은 그들의 충성도를 높이고 팬덤을 구성하는 데 큰 작용을 합니다.

샤오미는 사용자 모델을 통해 사용자의 참여로 더 좋은 제품을 만들수 있다는 것과 좋은 제품은 입소문을 통해 더욱 널리 퍼진다는 것을 증명했다고 말합니다. 협업 모델에서 참여자의 의견에 대한 적용과 피드백은 매우 중요합니다. 브랜드 팬덤에서는 적용과 피드백이 팬들의 성장과 충성도에 큰 역할을 하므로 체계적으로 관리해야 합니다. 샤오미의 공동창업자 리완창은 고객과의 협업 모델을 이렇게 설명합니다.

"참여감을 구축하기 위해서는 사용자의 참여 비용을 줄이고 상호교류의 방식 자체를 제품화해야 한다. MIUI(미유아이, 샤오미가 개발한 안드로이드 기반 펌웨어)는 샤오미 전자게시판에서 활동하는 10만여 명의 사용자들로 이루어진 인터넷 개발팀이 다 함께 만드는 것이다. 이 팀의 핵심 멤버는 공식 엔지니어 100여 명이지만 그 바깥에는 샤오미 전자게시판에서 심사를 거쳐 선발된 전문가 수준의 명예 개발팀 100명이 있고 또 그 바깥에는 제품의 기능과 개발에 대해 열정적으로 의견을 개진하는 10만여 명의 사용자들이 있다. 그 바깥을 다시 업데이트된 MIUI의 사용을 기다리는 수천만 명의 사용자들이 둘러싸고 있다. 이들은 모두 자신만의 방식으로 MIUI 업데이트 과정에 적극 참여했다."[30]

포르쉐는 전 세계 50만 명이 넘는 회원들의 운전 경로를 기록하고 분석해 공유하는 앱 로드Road를 제공합니다. 커뮤니티 회원들의 데이터를 수집, 분석하고 다시 회원들의 평가를 받아 드라이브 코스를 제공하는 앱입니다. 협업의 결과물을 의미 있게 활용하고 같은 취향을 가진 팬들을 모으는 좋은 프로그램입니다. 이렇듯 브랜드 팬들과 협업한 결과물로 같은 문화와 취향을 즐기는 더 많은 팬들을 끌어 모을 수 있음을 기억하세요.

이런 사례도 있습니다. "왜 이런 화장품은 없을까? 나라면 이렇게 만들겠어." 뷰티 소비자들의 경험과 아이디어가 모여 있는 뷰티 커뮤니티, 우화만('우리 같이 화장품 만들어볼래?'의 줄임말)의 시작입니다. 커뮤니티의 사용자들이 화장품 아이디어를 올리면 화장품 제작사와 연결되는 비즈니스 모델입니다. 브랜드 팬덤을 기반으로 이런 참여 프로그램을 활용하면 신제품에 대한 아이디어를 얻을 수 있습니다. "당신의 불편을 삽니다." 역시 불편한 경험을 수집하는 앱 서비스입니다. 고객의 불편을 정부기관이나 해당 업체에 전달하거나 판매하죠. 브랜드 팬덤을 기반으로 이런 프로그램을 활용하면 기존 제품에 대한 불편함을 수집해 개선하거나, 신제품에 대한 아이디어를 찾을 수 있습니다.

사실 고객과의 협업 모델은 국내에서는 흔치 않은 방법입니다. 협업을 이끄는 것보다 기업이 단독으로 진행하는 것이 더 쉽고 현명한 일이라고 생각하는 기업이 대다수이기 때문입니다. 또한 제품이나 기업의 문제는 내부 직원만큼 잘 알고 고민하는 사람이 없을 거란 믿음이 깔려 있죠. 결정적으로 고객의 의견을 받아들여 제품이나 서비스를 변경하기는 힘들고, 그렇다 보니 그들의 의견으로 무언가를 만들거나 바꾸고 싶은 생각이 없어 보이는 것입니다. 대충 의견을 참조하는 수준이었습니다.

계란 케이스, 김밥 전용 용기, 두부 전용 용기는 모두 '락앤락 아이디어'를 통해 서포터즈의 아이디어가 제품으로 출시된 사례입니다. 고객들은 점점 더 수동적 소비를 원치 않으며 자신들에게 의미 있는 제품의 개발과 창조에 직접 참여하고 싶어 합니다. "비빔장만 따로 팔았으면…", "짠맛이 너무 강해요.", "간장 선택하기 어려워요." 등 고객들의 피드백이 제품에 반영되어 매출이 반등한 사례들도 나오기 시작했습니다.[31] 스타일쉐어는 고객들과 함께 '어스US'라는 유저 크리에이티브 브랜드를 런칭하기도 했습니다. 총 530명의 고객들을 대상으로 한 설문을 기반으로 이들 가운데 모집단을 선정, 품평회를 개최하고 고객을 광고모델로 기용하기도 했죠. 이제 기업들도 고객들과 협업할 수 있는 여러 가지 방법을 실행하고 있습니다.

고객과의 협업 모델 중에서 '크라우드 소싱'은 가장 대표적인 방법입니다. 앞서 백악관의 위더피플 서비스가 크라우드 소싱의 사례라고 했죠. 크라우드 소싱은 기업이 제품이나 서비스를 개발하거나 개선할 때 대중을 참여시키는 것을 의미합니다. 기업은 참신한 아이디어와 실질적인 의견을 들을 수 있고, 대중은 자신이 원하는 제품이나 서비스를 얻을 수 있습니다. 대중에게 길을 묻는 방식으로 참여감을 일으켜 소속감과 성취감을 제공하는 방법입니다.

크라우드 소싱은 일반적으로 3가지 단계로 구성됩니다. 첫 번째는 기업의 문제점과 고민거리에 대한 대중의 아이디어를 접수합니다. 위더피플처럼 접수된 의견을 공개하는 방식과 문제해결 플랫폼인 이노센티브 웹사이트(www.innocentive.com)처럼 비공개로 접수하는 방식이 있습니다. 두 번째는 접수된 아이디어에 대한 평가입니다. 이때 대중이 투표 형식으로 참여해서 평가하는 방식과 비공개 전문집단의 평가 방식 또는 2가지 방법을 혼용하는 방법이 있습니다.

세 번째는 기업의 최종적인 심사와 그리고 결과에 대한 보상 및 문제 해결에 대한 적용입니다. 대중의 참여로 얻은 결과를 기업이 최종적으로 공정하고 투명하게 심사해 가능한 부분을 선언합니다. 대중의 참여 결과에 대해 가능 여부를 기업이 결정하고 공개하는 단계입니다. 불가능하거나 기타 다른 사안으로 실행이 어려울 경우는 더더욱 공식적으로 대중에게 알려주어야 합니다.

보상은 실제 대금을 지급하는 금전적 보상과 수상자에게 명예를 안

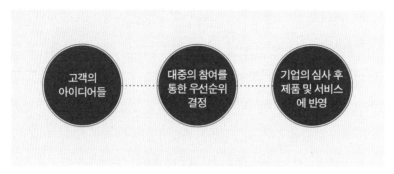

그림9 크라우드 소싱의 3단계

겨주는, 즉 있어 보이게 만들어주는 사회적 인정 보상이 있습니다. 기업이 크라우드 소싱을 통해 금전적 수익이 발생하는 경우에는 분명히 이에 상응하는 금전적 보상을 해야 합니다. 참여자를 속이는 보상이나 달래는 성격의 보상은 좋지 않습니다. 최소한 참가자들이 노력에 맞는 보상을 받았다는 느낌을 받아야 합니다. 크라우드 소싱이 끝나고 선정된 의견이 반영되어 나은 결과를 다시 공유하는 것이 좋습니다. 참여자는 그들이 성취한 결과에 호감을 갖게 되죠.

마지막으로 크라우드 소싱의 모든 과정은 게임처럼 참여자들에게 재미를 줄 수 있도록 구성하는 것이 좋습니다. 재미있는 게임은 소문나기 마련이고, 대중들이 참여하고 싶어 하니까요. 지속적인 참여를 유지하기 위해서는 꼭 고민해야 할 요소입니다. 성공한 사례를 볼까요?

레고로 우주정거장을 만들면 어떨까

최근 출시된 '레고-아이디어 21321 국제우주정거장'은 고객의 아이디어로 시작됐습니다.[32] 제품 패키지에는 이를 증명하는 '레고 아이디어 LEGO Ideas' 로고가 있습니다. '레고 아이디어'는 일본의 '쿠소CUUSOO' 서비스와 레고가 2008년부터 합작해 2011년 일본에서만 단독적으로 시범 운영된 레고 쿠소LEGO CUUSOO로부터 시작되었습니다. 일본 내에서 베타서비스로 시작했던 프로젝트가 전 세계로 확장되어 2014년 4월부터 레고 아이디어LEGO Ideas라는 이름으로 전 세계 레고 팬들을 만나게 되었죠.

레고 아이디어는 개인의 순수 창작 아이디어를 등록하면서부터 시작됩니다. 등록한 아이디어는 다른 레고 팬들에게 1만 표의 서포트를 받아야만 다음 단계로 진행될 수 있습니다. 처음 60일 안에 100명, 이후 1년 안에 1,000명, 그다음 6개월 안에 5,000명, 그리고 그다음 6개월 안에 1만 명의 서포트를 받아야 제품화 후보가 될 수 있습니다. 이 단계를 통과한 아이디어는 레고 본사의 엄격한 심사를 거치게 됩니다.

레고 아이디어

심사를 통과한 제품은 매년 1월과 5월, 9월에 레고 공식 홈페이지와 유튜브 채널을 통해 발표됩니다. 최종적으로 선택된 아이디어를 제안한 참가자는 본사 디자이너들과 협업해 제품을 수정하고 보완합니다. 제품이 출시되면 순 매출액의 1%는 아이디어를 제안한 참가자에게 지급되며, 제품 설명서에 원작자에 대한 간단한 설명을 삽입해줍니다. 크라우드 소싱의 전형적인 모델입니다.

크라우드 소싱을 기획할 때에는 이전 기업들이 진행하던 아이디어 공모전 형식의 비공개 전형 방식보다 모든 과정을 투명하게 공개하는 것을 추천합니다. 그리고 평가 단계에서는 대중의 참여를 포함하는 것이 좋습니다. 전문적인 심사가 중요하다면 대중의 평가 이후에 심사를 진행하거나, 병행하면 됩니다. 많은 대중이 참여하게 해 문제 해결에 관심을 유도하고 그들의 의중을 들어볼 수 있는 기회가 됩니다.

롯데카드는 고객의 목소리를 직접 듣고 즉각 경영에 반영해 바꾸는 '듣다 바꾸다 캠페인'[33]을 진행한 적이 있습니다. 캠페인을 진행하면서 포인트를 평생 사용할 수 있게 해달라는 고객의 의견을 받아들여 신용·체크카드 포인트에 적용하던 유효기간을 없애기도 하는 등 다양한 의견을 현업에 적용해 화제가 되었죠. 좋습니다. 아쉬운 점은 약 4,000여 건에 가까운 의견을 접수했는데, 대중들을 참여시켜 투표로 순위를 매긴 후 기업이 그 결과에 따랐으면 어떠했을까 하는 부분입니다. 롯데카드의 변화에 많은 대중이 참여했으면 더 많은 참여감, 성취감이 소속감으로 이어졌을 것입니다.

한 가지 팁을 드리면 참여 프로그램을 진행할 때 '누구를 참여시킬 것인가?'라는 질문을 던져보기 바랍니다. 레고 아이디어를 벤치마킹해서 진행된 '아이디어 LG'는 전자제품에 관한 아이디어를 받아 현실화하는 서비스였습니다. 레고 아이디어는 브랜드 팬을 기반으로 진행되었다면 아이디어 LG는 일반 대중에게 개방되어 누구나 참여할 수 있는 이벤트였죠. 어느 쪽이 더 효과적이었을지 결과를 짐작할 수 있으리라 생각합니다(아이디어 LG는 서비스가 종료되었습니다). 이런 경우 일반 대중보다 브랜드 팬들과 적극적인 협업을 진행해야 합니다.

크라우드 소싱의 국내 사례

이마트의 서포터즈인 '이마터즈'는 이마트의 지지세력으로 구성되었습니다. 활동비를 받고 홍보성 콘텐츠를 만드는 기존의 서포터즈 프로그램들과는 다르게 설계하자는 의욕으로 시작했죠. 선발 과정부터 다르게 기획했습니다. 모집 지원자들을 서류 심사로만 평가하기보다 좀 더 적극적이고 이마트를 잘 이해하는 지지자들을 찾으려 했습니다. 그래서 온라인 1차 평가 시험과 오프라인 시험에 이어 면접까지 3단계 과정을 거쳐 선발했습니다.

어렵게 선발된 이마터즈에게는 어떤 미션이 주어졌을까요? 55명의 이마터즈에게 매월 미션이 2가지씩 주어졌습니다. 하나는 이마트에서 장본 상품을 자신의 소셜미디어 채널에 공유하는 '마이 쇼핑 카트'입니다. 오프라인 매장에서 다른 사람의 카트를 스쳐 지나갈 때 무의식적으로 이런 생각을 하죠. '저건 매장의 어디에 있을까?', '저건 왜 2개나 샀을까? 세일하나?' 이런 궁금증에 빠져본 경험을 이용한 것입니다.

자신의 쇼핑 카트를 공유하면서 집들이를 위한 장보기, 아이 생일상을 차리기 위한 장보기 등 쇼핑의 '맥락'을 같이 소개하라고 독려했습니다. 앞서 제품 리뷰 만들기에서 고객의 스토리를 담아야 한다는 점을 강조한 것이죠.

두 번째 미션은 한 달 동안 이마트에서 구입한 제품 중 가장 좋았던 상품을 하나 꼽아 마찬가지로 자신의 소셜미디어 채널을 통해 공유하는 '이마터즈 픽'입니다. 직접 사용해보니 가장 좋았던 상품을 선정하고, 그 추천 이유를 설명하는 것이었습니다. 매월 55명의 이마터즈가 픽을 하면 한 달에 55개의 이마트 상품이 이마터즈에 의해 추천됩니다. 이 55개의 상품을 담당자와 관련된 실무자들이 심사해 5~6개의 최종 이마터즈 픽을 선정합니다. 선정된 최종 상품은 추천한 이마터즈 소개와 함께 추천 이유를 정리해 POP로 제작합니다. 이 POP는 전국의 이마트 매장의 이마터즈 픽 상품 판매대에 부착됩니다.

이마트 지지자들은 가장 쉽고 익숙한 놀이인 '쇼핑'을 했고, 있어 보이는 결과물인 POP를 얻을 수 있었습니다. 마지막으로 이마트 전체 매장에 부착해 확산시키는 3단계가 그대로 적용되었습니다. 그 결과 이마터즈에게는 참여감, 성취감이 생겼고, 잠재 고객들에게는 제품 추천이라는 영향을 미쳤으며, 실제 해당 제품은 매출이 향상됐습니다.

'배달의민족'은 팬클럽인 배짱이들과 '함께, 자주 노는 것'이 목표라고 말합니다. 매년 '배짱이 환영회'를 열고, 연말이면 '배짱이의 밤'이라는 파티를 개최하며, 봄이면 함께 소풍도 갑니다. 김봉진 대표가 직접

김밥을 말아주기도 했습니다. 이런 공식적인 모임 외에도 소소하고 다양한 모임이 많습니다.

샤오미는 자사의 팬덤인 미펀을 위해 정기적인 페스티벌 MFF MI Fan Festival을 개최합니다.[34] 이들은 자발적으로 커뮤니티를 만들어 자신이 사랑하는 샤오미의 기능적 향상을 위해 활동하고, 샤오미는 이를 적극적으로 받아들여 자사의 정책에 반영해 참여도가 남다릅니다. 유사하게 삼성전자 갤럭시도 팬파티를 개최했지만 미펀과 같은 팬클럽의 지원과 참여가 없는 이벤트성 파티로 끝나 아쉬웠죠.

오프라인 모임을 정기적으로 열면 참여감을 높일 수 있습니다. 오프라인의 모임 발대식과 해단식을 제외하고서도 정기적으로 알찬 내용으로 진행되어야 합니다. 주로 지지자들의 영향력을 높일 수 있는 교육 프로그램, 브랜드나 제품을 더 잘 알 수 있는 체험 프로그램, 함께 지지하는 가치를 경험할 수 있는 활동 프로그램 등으로 구성하면 좋습니다.

육성 단계에서 브랜드 팬들 간의 고유 문화가 가장 많이 생깁니다. 참여를 통해 서로 만나고 협업하는 기회가 많기 때문입니다. 관심을 가지고 그들의 문화를 찾아내어 팬덤의 문화로 안착시켜야 합니다. 자, 이제는 마지막 단계인 승급으로 넘어가겠습니다.

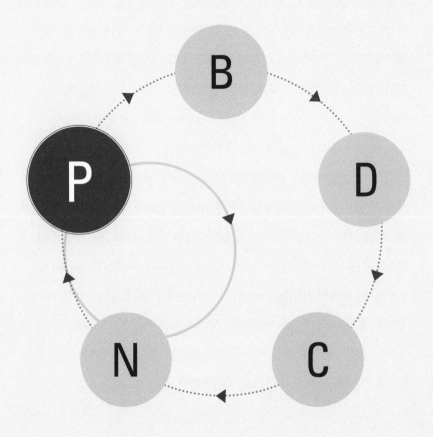

SFC 5단계:
승급과 보상(Promoting)

마지막 단계인 승급과 보상 단계입니다. 승급은 팬들이 육성 단계의 활동을 지속적으로 수행해온 결과에 대한 보상입니다. 팬들은 자신의 활동에 성과가 주어지면 만족감을 느끼겠죠. 따라서 승급 단계에서는 다양한 방식의 보상을 제공해야 합니다.

등급 정책

일정 기간의 육성 단계를 거치고 나면 그 결과에 맞는 등급을 제공해 주어야 합니다. 활동의 참여도에 따라 등급을 제공하는 방식과 특정 육성 과정을 마치면 특정한 등급을 부여하는 방식 등을 고민해보세요.

참여도에 따라 등급을 제공한다면 등급 제공의 기준이 공정하고 투명해야 합니다. 대부분 기업은 이미 매출과 연동해 고객 등급 제도를 적용하고 있습니다. 기존의 등급 제도와 유사하게 하되, 매출이 아닌 참여 활동을 기준으로 등급 제도를 부여합니다. 두 제도를 통합할 수 있지만 승급의 기준이 혼란스러울 수 있기 때문에 분리하는 것을 추천드립니다. 한 번 부여받은 등급은 단계별 레벨처럼 승급하는 방식이 있고, 특정 기간별로 기준에 따라 등급을 결정하는 방식이 있습니다.

등급은 전체 팬 수를 기준으로 전체 예산과 각 등급의 숫자를 예상해 등급 단계를 나누어야 합니다. 그리고 각 등급 단계에 예상 팬 수와 보상 및 운영 비용을 할당하고 전체 예산과 조율해서 등급을 결정하는 미션의 난이도를 조절해야 합니다. 각 등급의 이름은 직관적으로 느껴지도록 하는 것이 좋습니다.

등급과 상관없이 특정 코스를 수료하면 배지를 부여해 차별을 두는 방법도 재미를 위해 고려해볼 만합니다. 다음 등급으로 승급하기까지 남은 과정, 포인트 등을 상시적으로 알려주는 시스템과 전체 중 자신의 순위나 등급을 쉽게 알려주는 리더 보드를 개발해 확인할 수 있도록 해주는 것도 좋습니다. 무엇보다도 팬들의 활동에 대한 공정한 등급을 투명하게 운영하는 것이 중요합니다. 결국 등급은 팬덤 내 자신의 지위일 뿐아니라 활동의 기록과 같은 것이라 성취감과 존재감을 갖게 하는 중요한 장치이기 때문입니다.

등급에 따른 보상 설계

정해진 등급에 따른 혜택도 준비해야 합니다. 특정 등급만이 누릴 수 있는 혜택일수록 더욱 좋습니다. 장난감 전문업체 반다이코리아의 회원 등급을 참조해보면 등급별 할인 혜택과 쿠폰을 차별화해 제공합니다.[35] 건담엑스포 등 행사를 진행하거나 한정판 제품을 판매할 때 등급에 따라 다른 혜택을 제공해 자신의 등급을 관리하려는 고객들이 많습니다. 그리고 반다이코리아의 회원 등급이 건담 마니아들 사이에서 마니아 수준의 척도로 활용되고 있습니다.

CGV는 고객 등급을 4단계로 나누는데, 그 선정 기준을 살펴보면 장기간에 걸쳐 지속적으로 승급할 수 있습니다. VIP에서 RVIP, VVIP를 거쳐 최고 등급인 SVIP까지 단계별 등급을 획득하는 과정의 설계를 참조하세요. RVIP 등급을 3년 연속 유지하거나 제시한 영화 관람 횟수를 충족시키면 VVIP로 승급할 수 있습니다. SVIP는 VVIP를 5년 연속 유지해야 달성할 수 있죠. 등급별 혜택 차이도 살펴볼 필요가 있습니다. 활동이 지속적일수록 등급이 높아지고 보상이 커지는 것을 실감할 수 있게 설계되어 있으며, 중간에 활동을 쉬면 불이익을 받음을 인지하게 하는 것이 좋습니다. 다음 등급으로 승급하기 위한 조건을 인지시켜 활동을 독려하는 방법도 중요합니다.

혜택이나 보상을 설계할 때는 사회적 인정 보상, 즉 선망의 대상이 될 수 있도록 해주는 것이 우선입니다. CGV VVIP와 SVIP 등급을 가진 고객은 CGV 극장에서 하루 종일 무제한으로 영화를 볼 수 있는 '원데이 프리패스 카드'를 지급합니다. VVIP와 SVIP 등급의 회원들은 이 혜택을 어떻게 활용했는지 공유하면서 그들의 덕력(덕후의 공력을 뜻하는 신조어)을 자랑하고 선망의 대상이 되고자 합니다. "올해도 CGV 원데이 프리패스 스케줄을 짜봤습니다."와 같은 게시물[36]을 올리면서 말이죠. 다른 등급의 회원들에게 자랑할 수 있는 보상을 설계해야 합니다.

등급 자체나 등급을 얻기 위해 한 활동이 해당 분야에서 선망의 대상이 되거나 전문가처럼 보이게 하면 좋습니다. YES24는 창립 21주년을 맞아 '내 옆에 있는 YES24, 함께 보는 21년의 기록'이라는 이벤트를 통해 21년간 회원의 활동을 정리하는 인포그래픽을 제공해 저의 활동을 주변에 공유할 수 있게 설계했습니다.

마이크로소프트는 IT 관련 커뮤니티에서 영향력을 미치는 사람들을 MVP Most Valuable Professional로 선발해 육성합니다. MVP는 이후 커뮤니티에서 자신의 지식을 열정적으로 공유하는 기술 전문가로 활동하도록 지원받습니다. 고객, IT 전문가, 마이크로소프트 직원들이 서로 지식을 나눌 수 있는 '마이크로소프트 이그나이트 더 투어Microsoft Ignite The Tour에서 발표할 기회를 제공합니다. 전 세계 MVP들과 마이크로소프트의 개발자들과 교류할 수 있는 기회도 제공합니다. 팬 개인의 성장을 위해 다양한 기회를 제공하는 것도 훌륭한 보상 방법입니다.

'불스원 프렌즈'는 불스원 팬덤의 이름입니다. 선발 기준은 불스원에 대해 자발적으로 리뷰를 남겼거나 우호적인 포스팅을 했다거나 이전에 서포터즈나 대학생 마케터로 활동한 고객들입니다. 개인의 영향력 보다는 충성도에 중심을 둔 선발이죠. 그렇다 보니 개개인의 영향력 향상이 우선 과제였고, 그것이 첫해 미션으로 이어졌습니다.

매월 불스원 프렌즈를 지원하는 프로그램이 진행되었습니다. 정기 모임을 연 첫 달에는 '프로필사진 촬영', 다음 달에는 '퍼스널브랜드 컨설팅', 그다음 달에는 각자의 '소셜미디어 채널 디자인 개편 지원' 등 그들이 소셜 웹에서 영향력을 향상하기 위한 프로그램들을 진행했죠. 여기에 불스원 기업 고유의 색깔은 묻어나지 않습니다. 진정한 친구의 입장에서 지지자들의 성장을 돕는 프로그램이었습니다.

팬들의 성장을 돕는 보상 외에 팬들의 활동으로 수익이 발생하는 부분에 대해서는 금전적 보상을 고민해야 합니다. 또한 현실적으로 이미 고객들이 금전적 보상에 익숙해져 있는 상황이면 최소한 금전적인 부분을 대체하는 방법을 찾는 것이 좋습니다. 등급에 맞는 굿즈를 제공하는 방법이 있겠죠. 그리고 보상은 팬들의 활동에 대한 결과이므로 그들의 행동보다 앞서 지급되지 않도록 설계해야 합니다.

잊지 마세요. 활동에 맞는 등급과 보상 혜택을 제공하되 브랜드 팬은 기업과 친구처럼 협업하는 관계를 유지해야 합니다.

팬들만을 위한 특별한 혜택

얼리지 않은 생고기로 만든 패티, 토마토, 양상추, 양파와 같은 신선한 재료를 사용해 유명해진 패스트푸드 체인점 인앤아웃In-N-Out의 메뉴는 의외로 단출합니다. 더블-더블, 치즈버거, 햄버거, 프랜치 프라이 그리고 음료입니다. 그런데 매장에는 메뉴판에 없는 메뉴를 주문하는 사람들이 있습니다. 예를 들어 4×4를 주문하면 4장의 패티와 4장의 치즈가 있는 버거를 먹을 수 있습니다. 2장의 패티와 2장의 치즈가 최대치로 알고 있는 고객들은 "4장짜리 메뉴도 있었구나." 하고 의아해할지도 모릅니다.

인앤아웃의 '비밀이 아닌 메뉴Not so secret menu'는 애호가들을 위한 특별 메뉴로, 홈페이지에 게시되어 있습니다. 예를 들어 애니멀 스타일 Animal Style은 더 많은 소스와 드레싱을 넣은 버거를 의미하고, 프로틴 스타일Protein Style은 빵 대신 양상추로 속을 감싼 일명 '빵 없는 버거'입니다. 팬들 사이에서는 웹사이트에 공개된 '비밀이 아닌 메뉴' 외에도 더 많은 시크릿 메뉴가 있습니다. 현재 무려 29개의 옵션을 조합해서 만들 수 있고, 많은 팬 사이트들은 규칙에 따라 더 많은 주문을 맞춤화할 수 있는 방법을 찾아내 공유하고 있습니다. 팬들과 매장의 협력으로 새로운 메뉴들이 만들어지는 것이죠.

인앤아웃은 팬들에게 이야깃거리를 제공하고 이를 아는 이들만 실제 매장에서 주문할 수 있도록 팬들을 존중합니다. 팬들만 즐길 수 있는 혜택을 팬에게 제공하는 것은 기업이 먼저 챙겨야 할 일입니다. 다른 고객보다 더 많은 제품정보를 알고 있고, 그들에게만 주어지는 특별한 혜택이 있다면 그들은 소속감을 느끼고 다른 이들에게 이야기할 것입니다. 그리고 다른 고객들 역시 팬이 되기를 원하겠죠. 팬들이 여타 고객이나 대중에게 선망의 대상이 되게 해야 합니다.

지금까지 기업의 브랜드 팬덤을 구축하는 5단계, 스노우볼 팬더밍 서클을 살펴보았습니다. 고객이 자유롭게 브랜드에 대해 이야기하고 참여해 브랜드를 경험할 수 있는 저변 만들기를 시작으로 저변에서 지지자를 찾아내는 발굴 과정을 거쳐 소속감을 가지도록 연결하고 다양한 참여와 협업을 통행 브랜드를 더 잘 알게 되고 지지하게 되어 팬으로 진화하는 육성 단계를 거치면 그에 걸맞는 등급과 영향력을 받게 되는 승급 단계에 등극합니다. 여기서 다시 다음 등급으로 승급하기 위해 또 다른 육성 과정을 거치며 동시에 전체 서클을 반복하면 그들만의 팬덤 문화가 다른 고객들에게 영향을 미치고 저변을 확장하는 순환 서클이 형성됩니다. 큰 서클이 순환할수록 브랜드 팬덤은 저변이 넓어지고 육성과 승급의 작은 서클이 순환할수록 브랜드 팬덤의 깊이가 깊어집니다. 점점 불어나는 눈덩이 효과처럼 말이죠.

5장
지속적으로 진화하려면

:
팬덤 문화 만들기

위력적 팬덤은 하루아침에 형성되지 않습니다.
장기적인 안목으로 브랜드 문화를 만들어나가고
기업의 임직원들이 명확하게 정의된 미션을 공유하면
그 브랜드의 가치가 더욱 높아집니다.
기억하세요. '팬덤'을 만드는 기업이
'킹덤'을 만들 수 있습니다.

나의 브랜드 팬덤은
어디쯤에 있을까

스노우볼 팬더밍 서클은 기업의 상황에 맞추어 진행하는 것이 좋습니다. 여러 가지 어려움이 있다면 1단계 저변 만들기에만 집중하는 것도 좋습니다. 그렇다고 반드시 저변 만들기에서부터 시작할 필요는 없습니다. 브랜드 팬덤을 구축할 때 저변이 확보되어 있거나, 지지자들이 서로 연결된 경우라면 각자 준비된 상황에서부터 나머지 서클을 시작하는 것이 좋습니다.

다음은 브랜드 팬덤이 어느 단계까지 구축되어 있는지 점검하고 싶거나, 무슨 단계부터 팬덤을 형성해야 할지 고민된다면 하나씩 체크해보기 바랍니다. 각 단계의 체크사항이 하나라도 빠짐없도록 확인한 후에 다음 단계로 넘어가면 됩니다.

단계	주요 점검 항목	체크사항	✓
1단계 저변 만들기	고객이 자유롭게 이야 기하고 참여할 수 있는 환경이 준비되었는가?	고객이 주로 후기를 등록하는 곳을 주기적으로 모 니터링 하고 있는가?	○
		고객의 이야기를 긍정, 부정으로 분류해 모니터링 하고 있는가?	○
		고객들의 이야기들을 주기적으로 모니터링 하고 있 는가?	○
		고객의 브랜드 관련 놀이를 파악하고 있는가?	○
		고객들이 사용하는 해시태그를 분류해 수집하고 있 는가?	○
		주기적으로 제품정보를 업데이트 하고 있는가?	○
		고객이 참여할 수 있는 서비스를 제공하고 있는가?	○
2단계 지지자 발굴	고객 접점에서 지지자 들을 발견했는가?	검색엔진에서 주기적으로 지지자들을 검색하고 있 는가?	○
		브랜드 해시태그를 주기적으로 검색하고 있는가?	○
		지지자들이 주로 이야기하는 곳을 주기적으로 모 니터링 하고 있는가?	○
		기존의 서포터즈, 기자단, 체험단이 있는가?	○
		기타 고객 관리 프로그램이 있는가?	○
		브랜드의 선망의 대상이 되는 고객이 있는가?	○
3단계 지지자 연결	지지자들을 있어 보이 게 연결했는가?	지지자 그룹의 명칭이 있는가?	○
		지지자 그룹의 굿즈를 결정했는가?	○
		지지자 그룹의 해시태그를 결정했는가?	○
		기존의 고객관리 프로그램과는 별로도 운영되는가?	○
		지지자들 그룹의 활동 영역은 결정했는가?	○
		지지자들을 연결하는 방식은 결정했는가?	○
		오프라인 모임을 기획했는가?	○

단계	주요 점검 항목	체크사항	✓
4단계 팬으로 육성	지지자를 팬으로 육성할 프로그램은 준비됐는가?	참여 프로그램이 준비됐는가?	○
		참여 프로그램의 보상이 준비됐는가?	○
		브랜드의 학습 거리가 준비됐는가?	○
		육성 프로그램의 평가 기준이 준비됐는가?	○
		육성 프로그램이 정기적으로 진행되는가?	○
		팬들과 교류할 담당자는 정해졌는가?	○
5단계 승급과 보상	팬의 등급과 혜택은 준비됐는가?	팬의 등급을 결정했는가?	○
		팬의 등급에 따른 혜택이 준비됐는가?	○
		등급의 운영안이 준비됐는가?	○
		등급별 예상 팬 수와 예산 배분이 준비됐는가?	○
		승급을 위한 다음 육성 프로그램이 준비됐는가?	○
		보상 프로그램이 준비됐는가?	○
전 단계	전 단계를 거쳐 차별화된 문화를 만들었는가?	팬들끼리 교류할 프로그램이 준비됐는가?	○
		임직원과 교류할 프로그램이 준비됐는가?	○
		팬과 고객이 교류할 프로그램이 준비됐는가?	○
		전체 과정을 거치면서 팬덤 문화를 발견했는가?	○
		발견된 팬덤 문화를 대중을 겨냥한 이벤트로 변경할 준비됐는가?	○

표3 스노우볼 팬더밍 서클 체크리스트

스노우볼 팬더밍 서클의 적용 모델

이제까지 살펴본 브랜드 팬덤 서클을 실제 사례와 접목해서 살펴보겠습니다. 현대자동차는 온라인에서 소비자의 의견과 제안을 수시로 듣고 상품과 서비스를 함께 개발해나가는 오픈 커뮤니케이션 플랫폼 '히어H-ear'(hear.hyundai.com)를 운영하고 있습니다. 선별된 참가자들이 오프라인 모임을 통해 한정적으로 의견을 공유했던 부분을 온라인 공간에서 누구나 자유로운 의견을 낼 수 있게 확장한 서비스입니다.

현대자동차 히어
웹사이트

히어에는 4단계의 회원 레벨이 있습니다. 회원가입을 하면 일반 회원인 헬로(Hello) 등급, 추가 정보를 입력하면 엘리트(Elite) 등급인 '패널'이 될 수 있고, 패널은 상품(차량·신기술·친환경), 고객 서비스, 정비 서비스, 판매 채널, 시장·트렌드, 기타 등 6개 카테고리로 구성된 랩Lab에서 의견을 주고받을 수 있습니다. 꾸준한 활동으로 포인트를 적립하면 에이스(Ace), 로얄(Royal) 등급으로 승급합니다. 패널에겐 전용 멤버십 카드가 발급되고 등급에 따라 신차 구매나 수리 시 공임비 할인 등의 혜택을 누릴 수 있습니다. 현대자동차의 활동을 스노우볼 팬더밍 서클에 적용하면 표4와 같습니다. 여러분의 브랜드에 적용할 때 참고하세요.

히어는 팬들이 활동 미션을 선택하고 수행한 미션에 대해 활동 포인트를 지급받고 이 포인트로 4단계의 등급을 부여받는 설계를 했습니다. 저변 만들기에서 발굴(모집), 연결, 육성, 승급까지 스노우볼 팬더밍 서클에 부합한 구조로 장기적 관점에서 잘 구축되어 있는 사례입니다. 다만 팬들의 입장에서 세부적인 구성에 조금만 더 신경 쓰면 더욱 좋

1단계 저변 만들기	HMG 저널, 소셜미디어 채널을 통한 정보 제공 현대자동차 모터 스튜디오 등 브랜드를 경험할 수 있는 다양한 온오프라인 체험 서비스 제공
2단계 지지자 발굴	히어 모집 이벤트
3단계 지지자 연결	독립플랫폼 히어 사이트 개설 패널 멤버십 카드 제공 SNS/이메일을 통한 뉴스 제공
4단계 지지자 육성	설문 작성으로 패널 승급 랩에 6가지 제안하기, 토론 참여, 설문 등 선택적 미션 제공
5단계 승급과 보상	활동 포인트 적립 기준으로 4가지 등급 설계 월별 우수 활동자 시상

표4 현대자동차 히어의 스노우볼 팬더밍 서클 모델

아질 거라 생각합니다. 예를 들면 4단계에서 설문의 문항이 너무 직접적으로 현대차 구입을 유도한다든지, 설문 내용이 너무 딱딱하다면 디지털 크라우드 컬처 4가지를 반영하면 좋겠습니다.

앞서 언급한 이마트의 이마터즈도 스노우볼 팬더밍 서클에 적용할 수 있습니다. 표5에서 현재 승급과 보상의 일부 단계까지만 진행된 사례입니다. 기존에 있던 서포터즈를 가지고 시작했으며, 월별 활동에 대한 비용 지급이 보상으로 책정되어 있습니다. 기수별로 6개월 단위로 운영을 하다 보니 활동에 대한 승급 제도는 없습니다. 대신 2기까지 진행했던 이마터즈는 1기에서 2기로 연장을 원하는 팬들 중 1기 활동 내역을 기준으로 선발하며 활동 기간을 연장해주었습니다.

1단계 저변 만들기	기존 블로그/페이스북/앱의 콘텐츠 재정비
2단계 지지자 발굴	이마터즈 모집 1, 2차 선발고사 (1차 온라인 시험, 2차 오프라인 면접)
3단계 지지자 연결	기존 이마트 앱에 이마터즈 메뉴 및 서비스 추가 개설 이메일/유선을 통한 뉴스 제공
4단계 지지자 육성	이마터즈 픽, 마이 쇼핑 카트 등 활동 미션 제공 격월 오프라인 모임을 통한 교육 프로그램 진행
5단계 승급과 보상	월별 활동비 지급 월별 우수 활동자 시상

표5 이마트 이마터즈의 스노우볼 팬더밍 서클 모델

지지자를 발굴하다 보면 이미 팬덤이 구축되어 있는 경우도 있습니다. 예를 들어 프로야구 구단은 이미 저변이 확보되어 있고 지지자들이 어느 정도 연결된 상황입니다. 이런 경우 디지털 크라우드 컬처의 덕후 코드에서 말씀드린 것과 같이 지지자들의 놀이를 찾아내 대중을 겨냥한 이벤트로 만들고, 그 결과로 새로운 연결을 만들 수 있습니다.

"내가 직관하면 꼭 우리 팀이 지더라." 이런 푸념을 들어본 적이 있으신가요? 실제 검색엔진에서 '직관 승률'을 검색하면 누가 시키지도 않았는데 자신의 직관 승률을 계산해서 본인의 블로그에 공개한 사람들이 많습니다. 이럴 때는 이미 구축되어 있는 팬덤 커뮤니티를 대상으로 '직관 승률 랭킹' 이벤트를 진행해서 순위별로 시상하고 연결하고 등급을 제공하는 방법을 적용하면 어떨까요? 물론 직관 승률 계산기 기능을 구단 앱에 제공해야겠지만요.[1]

CGV는 영화 덕후들의 랜선놀이 '영퀴(영화 퀴즈)'를 '영퀴왕' 이벤트로 진행했습니다. 이 이벤트를 조금 더 발전시키면 이미 구축되어 있는 영화 팬덤 커뮤니티를 영퀴왕의 등급으로 재편성해 연결할 수 있습니다. 정기적 이벤트로 진행하고 매년 상위 등급자들을 모아 'CGV 영퀴 어벤져스'로 연결하면 기존의 영화 팬덤 커뮤니티의 멤버들로 재구성이 가능합니다.

이처럼 5단계의 스노우볼 팬더밍 서클을 기본으로 기업의 상황에 맞추어 축소하거나 부분 활용하거나 단계별로 적용하는 다양한 활용을 고민해보기 바랍니다.

팬덤 구축 시 주의사항

브랜드 팬덤을 구축할 때 몇 가지 주의해야 할 사항들을 살펴보겠습니다. 첫째, 팬 수가 아니라 팬들의 호감을 쌓아 자산화하세요. 팬 수를 관리하고 자산화하는 것은 팬과 팔로워 수에 집착했다가 그르쳤던 이전의 소셜 마케팅을 반복하는 것과 같습니다. 팬 수를 늘리는 것에 집중하지 말고 그들의 호감을 살 수 있는 좋은 경험들을 축적해가는 것에 집중해야 합니다.

둘째, 모든 사람을 지지자와 팬으로 만들려고 하지 마세요. 모든 사람이 여러분의 브랜드를 지지할 수 없습니다. 만약 모든 사람이 지지한다면 지지자, 팬의 의미가 없겠죠. 소수의 팬에 집중하고 지지를 강요해서는 안 됩니다.

셋째, 팬들을 가두어놓으려 하지 마세요. 기업들은 발굴한 팬들을 모아 기업의 메신저로서 활용하고 심하게는 팬들의 행동까지 통제하려는 경향이 있습니다. 팬들과 함께 의미 있는 결과를 지속적으로 만들어나가는 것이 시너지를 얻을 수 있는 방법입니다.

넷째, 팬들과 지나치게 접촉하거나 관여하는 것은 오히려 독이 될 수 있습니다. 팬들을 발굴해 활동을 의뢰하거나 가이드를 빡빡하게 제시하다 보면 오히려 팬들이 반감을 가질 수 있습니다. 팬이 스스로 도움을 요청할 때 지원하거나 공식적인 지원 경로를 통해 접촉하는 것이 좋습니다.

다섯째, 팬들을 과도하게 숭배하거나 저자세로 대하지 마세요. 팬들은 우리 브랜드나 기업의 친구이며 협력자입니다. 그들에게 과도하게 지원하거나 저자세로 활동을 부탁하는 것은 좋지 않습니다. 팬들을 적극적으로 지원하는 것과 모시는 것은 상당히 다른 의미입니다. 기업들이 인플루언서들과 협업하면서 취했던 태도와는 다르게 친구처럼 협력자와 같은 관계로 대하는 것이 좋습니다. 그들과의 공감과 소통이 더욱 중요합니다.

여섯째, 팬들에게 과도한 보상을 제안하거나 제공하지 마세요. 브랜드 지지자의 신뢰 시스템을 살펴보면 브랜드 지지자들은 잠재 고객에게 제품 및 서비스를 추천하고, 추천받은 잠재 고객은 제품이나 서비스를 구매함으로써 브랜드에게 수익을 제공하고 수익을 얻은 브랜드는 이를 추천해준 지지자들에게 보상하게 됩니다. 이 구도가 지속적으로 반복된다면 성공적인 브랜드 지지 시스템이 구축된 것입니다. 그런데 브랜드 지지자들은 왜 기업의 제품이나 서비스를 추천할까요?

'다른 사람을 돕기 위해서'라는 순수한 의도라고 합니다. 잠재 고객들도 순수한 의도라는 것을 알기 때문에 추천을 귀담아듣는 것이죠. 그렇다면 브랜드가 제공하는 보상이 너무 크거나 지극히 금전적이라면 그 순수성이 오염될 가능성이 있습니다. 그들에게 보상할 때는 최대한 금전적인 부분보다는 그들의 도움에 순수하게 보답하거나 성취감을 줄 수 있는 것을 고민해야 합니다.

일곱째, 팬들이 절대적으로 우리 기업을 옹호하리라 생각하지 마세요. 3세대 팬덤에서 팬은 기획자이며 전략가입니다. 기업에 부정적 이슈가 발생했을 때 1세대 팬덤처럼 무조건적으로 기업을 감싸고 방어하는 것을 기대할 수 없는 상황입니다. 요즘 온라인 상에서 위기가 발생하면 무죄추정의 원칙이 아닌 유죄추정의 원칙이 적용됩니다. 결국 이슈 당사자가 무죄를 증명해야 하는 방향으로 전개되는 것이 대부분입니다. 기업에 부정적 이슈가 발생했을 때 요즘의 팬덤은 사건의 옳고 그름을 판단하고 팬들 간에 토론을 거쳐 행동에 나선다는 점을 유념해야 합니다. 이런 경우에 진정성 있게 상황을 설명하는 것이 팬들에 대한 매너입니다.

팬덤을
문화로 안착시켜라!

브랜드 팬덤은 고객에서 지지자로, 지지자에서 브랜드 팬으로 장기적으로 육성하는 과정이며 그 과정에 만들어지는 팬덤 문화를 총칭하는 것입니다. 이벤트성으로 브랜드의 팬을 찾아 단번에 팬덤을 구축하기는 어렵습니다. 장기적인 안목을 가지고 브랜드 문화를 만든다는 생각과 브랜드 팬들이 팬덤을 만들어가는 것을 지원하겠다는 생각으로 운영해야 합니다.

구축된 팬덤 문화는 자연스럽게 퍼져나가 고객들을 지지자로, 다시 팬으로 진화시키는 힘을 가집니다. 기업들은 팬덤 문화가 다른 고객들과 연결되도록 하는 작업을 지속적으로 진행해야 합니다. 즉, 팬들과 일반 고객이 교류할 기회를 만들어주어야 합니다.

'넷플릭스 볼 것 없어 병Netflix_Nothing_to_see_Syndrome'이라고 들어 보셨나요? 넷플릭스에서 영화나 드라마를 보는 시간보다 무엇을 볼지 메뉴 화면에서 고르는 시간이 더 길어진 현상을 말합니다. 소셜 웹에서 농담처럼 퍼져가고 있는 병이죠. 이를 치유하기 위해서 넷플릭스는 다양한 채널을 통해 직접 영화를 추천하기도 하고, 영화 커뮤니티 내에서 이벤트를 진행합니다. 바로 '숨은 넷플릭스 찾기' 이벤트입니다.[2] "나만 보기에 아깝다고 생각하는 넷플릭스의 숨겨진 추천작들을 소개해주세요."라는 카피로 영화 커뮤니티 회원들에게 추천과 후기를 활용해 병에 걸린 회원들을 치유하고자 합니다. 넷플릭스의 팬덤이 있었다면 팬들의 추천을 바로 고객들에게 연결할 수 있었을 것입니다.

'코카콜라 콜렉터즈 페어'는 '코카콜라 콜렉터즈 클럽'이 주관해 코카콜라 콜렉터들이 그동안 모은 수집품들을 공개하고, 전 세계 콜렉터들과 정보를 교환하며, 일부 품목은 판매하기도 하는 자발적인 팬 교류의 모임입니다. '코카콜라 콜렉터즈 클럽'은 1974년 코카콜라를 좋아하는 미국 콜렉터들에 의해 만들어졌고 코카콜라의 후원 없이 자발적으로, 그저 코카콜라를 좋아하는 사람들에 의해 시작된 팬덤입니다. 팬들끼리의 교류가 문화가 되어 전 세계에서 진행되고 있으며 국내에서도 만나볼 수 있습니다. 이런 교류의 장은 팬들 간의 결속력을 다지고 그들의 문화가 다른 고객들의 관심을 유도할 수 있는 좋은 기회가 됩니다.

지프Jeep의 운전자는 도로를 운전하다 맞은편에 지프 운전자가 지

나가면 가볍게 손을 들어 인사를 나눕니다. 바로 '지프 웨이브Jeep wave'
입니다. 1941년부터 시작된 이 문화는 세대를 거쳐 지역에 따라 다양
한 손동작의 인사법으로 발전했으며, 모두 '뛰어난 지프를 선택한 동
료 운전자들에 대한 존중'의 의미를 담고 있습니다. 그들의 소속감을
강조하는 문화를 만들어 다른 고객들의 선망의 대상이 되는 좋은 사례
입니다.

소셜 임플로이의 탄생

장기적인 관점으로 브랜드 팬덤을 구축할 때 임직원의 참여도 중요합
니다. 임직원들을 브랜드의 팬으로 만드는 것이죠. 그리고 브랜드 팬덤
과 기업을 연결할 때도 임직원의 참여가 중요합니다. 2008년부터 약
10년 동안 성공적으로 기업 블로그를 운영했던 한국지엠의 사례를 살
펴보겠습니다.

한국지엠의 블로그를 개설하면서 임직원이 참여하는 사내기자단을
구성했습니다. 그리고 'Think Outside the Box'의 첫 글자를 딴 TOB
에 이야기꾼인 Talker을 붙여 토비토커로 이름을 정했습니다. 한국지
엠 토비토커는 8기까지 모집됐고 총 40명 이상이 활동했습니다. 꾸준
하고 지속적인 그들의 활동은 사내기자단 외의 한국지엠 임직원들까
지 활발하게 SNS 활동을 하게 했습니다. 그들의 성공은 일단 남다른

시작에서 출발했습니다. "우리는 콘텐츠를 만들어내는 게 목표가 아니다. 우리의 최종 목표는 직원들의 성장이다. 양질의 콘텐츠는 그것을 표출해내는 수단일 뿐이다."

한국지엠의 토비토커는 의무감도, 강요사항도 없는 동아리 같은 분위기를 만들었습니다. 이런 분위기는 임직원들이 자발적인 분위기에서 즐겁게 일하도록 했죠. 오늘 올라와야 할 글이 게시되지 않는다고 해서 '무슨 일이 있는지', '왜 활동을 안 하는지' 등을 묻지 않았습니다. 사내기자단을 지원하는 담당자는 기자단이 매일 몇 건의 글을 올렸는지를 체크하는 것이 아니라 그들이 원활하게 소셜미디어 활동을 할 수 있도록 터전을 마련하는 데 집중했습니다. 그러자 콘텐츠의 양이 오히려 늘어나고 질이 좋아졌습니다. 한국지엠은 기업 블로그를 임직원들이 '고객과 자발적으로 놀 수 있는 놀이터'로 만드는 데 성공했습니다.

토비토커들의 참여를 이끌어낸 것에는 여러 가지 보상도 상당한 역할을 했습니다. 3개월에 한 번씩 '이달의 직원블로거' 상을 주었습니다. 시상은 임원회의 시간에 사장이 참석한 가운데 진행했죠. 이는 전 직원들에게 회사가 토비토커 활동을 전폭적으로 독려하며 격려를 아끼지 않는다는 것을 알리는 역할을 합니다. 사실 사내기자단으로 활동하면 보통은 해당 부서로부터 큰 지지를 받기는 어렵습니다.

일반 기업에서는 회사와 관련된 소셜미디어 활동을 하더라도 업무시간이 지나서 한다거나 눈치를 보면서 하는 경우가 많습니다. 그러나 사장이 직접 나서 상을 주는 회사라면 다르죠. 정당한 소셜미디어 활동은 팀장 및 동료로부터 격려를 이끌어냈고, 토비토커들 사이에서는 상을 받기 위해 선의의 경쟁이 일기도 했습니다. 또 개인이 소셜 활동을 통해 발전할 기회도 주었습니다. 직원들이 소셜미디어 관련 컨퍼런스에 참여하도록 독려했으며, 직원들이 소셜 임플로이(Social Employee, 소셜미디어에서 열정적으로 회사를 홍보하는 직원들)로서 자부심을 갖고 대외적으로 기업을 홍보할 수 있도록 했습니다. 이런 결과물로 신입 토비토커를 모집할 때 경쟁이 매우 치열했죠.

기업의 소셜 문화가 성패를 좌우한다

최근 소셜 임플로이는 사내 브랜드의 지지자로서 또는 브랜드 지지자와 기업의 연결자로서 역할이 점점 더 부각되고 있습니다. 대외적인 브랜드 지지자를 발굴하기 위해 기업의 소셜 문화를 배양받은 소셜 임플로이가 전면에 나서는 것도 중요하고, 그러기 위해서는 그들이 먼저 브랜드나 제품의 지지자가 되어야 합니다. 임직원이 브랜드의 지지자가 될 수 있는 다양한 방법들을 소셜 임플로이 육성 과정에 포함해야 합니다.

임직원을 소셜 임플로이로 양성하기 위해서는 사내기자단을 만드는 데서 나아간 전략이 필요합니다. 모두를 소셜 임플로이로 양성하면 좋지만 쉽지 않습니다. 처음에는 소셜 임플로이에 적합한 핵심 인재를 발굴해야 합니다. 기존의 사내기자단을 활용하거나 사내기자단과 유사한 방법으로 인재를 모집, 선발할 수 있습니다. 또는 기업 내에 소셜 비즈니스에 대한 정기교육을 개설하고 이 교육의 수료자 중 몇 명을 발굴하는 것도 좋은 방법입니다.

소셜 임플로이 육성을 위한 체계적인 교육 인증과정을 마련하는 것도 좋은 방법입니다. 델은 SMaC Social Media and Community University라는 소셜 임플로이 육성 프로그램을 갖고 있습니다. SMaC는 델 임직원들에게 소셜미디어 커뮤니케이션에 대한 교육을 지원합니다. 여러 과정을 이수하면 임직원들은 공식인증서를 받게 되고, 인사 때도 실질적인 혜택을 받습니다. 이후에 델의 공식 소셜 채널에서 소셜 임플로이로서 활동을 시작할 수 있습니다.

또 기업만의 소셜 문화를 만들기 위해서 임직원의 참여가 필요합니다. 온라인 신발 쇼핑몰 자포스Zappos의 커뮤니케이션 담당자인 토마스 놀Thomas Knoll은 "기업의 소셜 기술 사용의 성패는 문화와 목표에 좌우된다."고 했습니다. 소셜 비즈니스가 성공하기 위해서는 기업 내부의 소셜 문화 확립을 먼저 이루어야 한다는 의미입니다. 이를 위해서는 전사 임직원들의 소셜 활동을 정의한 가이드 라인을 미리 준비해두면 좋겠습니다.

그러려면 소셜미디어를 적극적으로 활용하는 임원이 절실하죠. 임원의 적극적인 참여가 있으면 직원들은 자연스럽게 그들을 따르게 됩니다. 임원이 소셜미디어 플랫폼을 받아들이고 성공적으로 활용한다면 기업 내부에는 자연스레 소셜 문화가 번질 것입니다. 다음은 소셜 임원이 지니는 7가지 특성입니다.[3]

변화에 위협을 느끼지 않는 유연한 사고, 대화의 창구가 열려 있고 언제나 접근 가능한 상태, 직접 몰입하고 행동함, 공격받기 쉬운 위치임에도 앞장서는 태도, 파급 효과가 있는 영향력, 외부의 새로운 것들을 배우고 끌어들이는 매력, 정보나 아이디어의 공유를 두려워하지 않는 대담함입니다. 임원들이 소셜미디어를 두려워해서는 사내에 소셜 문화를 만들 수 없습니다. 임원들이 솔선수범해야 소셜 임플로이 양성의 초석이 다져집니다.

오늘날은 예전과는 달리 브랜드, 기업 임직원, 고객이 다 함께 브랜드 아이덴티티BI를 만들어갑니다. 일부 직원 몇 명이서 이를 결정하는 시대는 끝났습니다. 모든 브랜드의 궁극적인 목표는 많은 고객의 신뢰를 기반으로 비즈니스를 확장하는 것입니다. 이는 그 브랜드의 가치를 더욱 높여주고 결국 수익 확대로 이어집니다. 명확하게 정의된 미션을 임직원 모두가 인지하고 공유하고 있는 기업은 큰 성과를 발휘할 것입니다. 이를 위해 기업은 사내 문화를 정의하고 구성원 간 대화를 장려해야 합니다. 그리고 기업이나 브랜드의 내면을 들여다볼 수 있는 창, 즉 소셜 임플로이를 적극적으로 육성해야 할 것입니다.

기업이 브랜드 팬덤을 구축하는 것은 쉽지도 간단하지도 않습니다. 방탄소년단의 아미도 하루아침에 만들어진 것이 아니니까요. 하지만 기업이 팬덤을 갖는 것은 불가능한 일이 아닙니다. 장기적인 관점에서 목표를 가지고 스노우볼 팬더밍 서클을 적용한다면 기업의 상시적인 지지자이자 영향력자인 여러분만의 팬덤을 구축할 수 있습니다.

1장

1. 김성탁, "'부작용 크고 효율 떨어져'… 글로벌기업 잇단 '탈 소셜'", JTBC, 2018년 4월 18일

2. 박소정, "'인스타·페북 안 합니다'… 120만 팔로워 버린 영국 러쉬, '탈 SNS' 선언", 뉴데일리경제, 2019년 4월 16일

3. 세스 고딘, 《마케팅이다》, 쌤앤파커스, 30쪽

4. 안선혜, "채널 현대카드, 3년 만에 문 닫았다", The PR, 2019년 4월 8일

5. 신무경, "한국서도 '페이스북 엑소더스'", 동아일보, 2018년 10월 16일

6. 세스 고딘, 《마케팅이다》, 쌤앤파커스, 100쪽

7. 쉘린 리, 조시 버노프, 《그라운드 스웰, 네티즌을 친구로 만든 기업들》, 지식노마드, 31쪽

8. 권도연, "페이스북 '광고 연결 줄이고, 사람 연결 늘리고'", 블로터, 2018년 1월 15일

9. news.samsung.com/kr

10. news.hmgjournal.com

11. mediask.co.kr

12. lottehotelmagazine.com

13. villiv.co.kr

14. hillslife.jp

2장

1. youtu.be/4fVLpyA50DY

2. youtu.be/loRUOj0D2tY

3. youtu.be/ZeAxQOZDH38

4. instagram.com/theclub_homeplus/

5. blog.naver.com/29centimeter

6. 김신회, "스마트의 똑똑한 트윗… '새 한 마리로? 흥!'", 머니투데이, 2013년 9월 23일

7. blog.gm-korea.co.kr

8. blog.bullsone.com

9. 박아영, "롯데월드 SNS 친구 '100명' 넘는 인싸에 자유이용권 '40%' 할인", 인사이트, 2019년 2월 2일

10. 앤디 서노비츠, 《고객을 떠들게 하라》, 국일미디어, 43쪽

11. imdb.com/title/tt8579674/trivia?ref_=tt_ql_2

12. extmovie.com/movietalk/53991076

13. youtu.be/_YKraQmDed8

3장

1. 유원정, "#입소문 #20대 #팬덤… CGV 2018 영화계 총결산", 노컷뉴스, 2018년 12월 6일

2. 편주현, 〈BTS 이벤트의 경제적 효과: 2019 서울 파이널 공연〉

3. 김종일, "[BTS혁명] 'BTS 경제효과' 年 5.5조 원", 시사저널, 2020년 2월 21일

4. vt.tiktok.com/DxL7C5/

5. 최현정, "그 시작은 '틱톡 할머니'… K팝 노쇼시위 막전막후", 오마이뉴스, 2020년 6월 22일

6. 박세회, "인스타에서 1천 2백만 번 재생된 이 영상의 인기 비결은 정말 모르겠다", 허핑턴포스트코리아, 2016년 8월 17일

7. youtube.com/channel/UCqW54i24PGw1q7IxciRmgTA

8. 더글라스 홀트, "소셜미디어 시대의 브랜딩", 하버드 비즈니스 리뷰, 2016년 3월호

9. youtu.be/o5wBnUpV_xU

10. youtu.be/_Bjm6P9dp1s

11. yowayowacamera.com

12. instagram.com/muradosmann/

13. instagram.com/binggraekorea/

14. 김지은, ""빙그레우스 더 마시스"… 인스타 녹인 미스터리 왕자님 누구", 국민일보, 2020년 2월 26일

15. 강병진, "당신이 인스타그램에서 보여주고 싶은 것과 감추고 싶은 것", 허핑턴포스트코리아, 2015년 9월 20일

16. youtu.be/JRi8t0KeQcw

17. 박승희, "빙그레 "바나나맛우유 이름 바꾸고 모델도 해요"", news1, 2016년 5월 30일

18. 이주현, "빙그레 바나나맛우유 마이스트로우, 옐로우카페 판매", 부산일보, 2017년 8월 11일

19. 채석원, "인스타그램용 카페가 등장했다… 이 사진들은 놀랍게도 '레알 실사'다", 위키트리, 2019년 10월 25일

20. 박영철, "곡성군 '천국의 계단' 사진 촬영 명소로", 동아닷컴, 2019년 7월 2일

21. youtu.be/yKOvXtBeSSM

22. youtu.be/0Fm310YH_Yk

23. extmovie.com/movietalk/47255828

24. 세카이계는 2000년을 전후로 일본 서브컬처 전반에 등장한 장르적 유행을 지칭합니다. '소년과 소녀의 연애가 세계의 운명과 직결'하고, '소녀만 싸우고 소년은 전장에서 배제'되며, '사회에 대한 묘사가 없는' 특징을 지니고 있습니다. 대표적인 작품으로는 '신세기 에반게리온', '별의 목소리', '최종병기 그녀' 등이 있습니다.

25. movieweb.com/star-wars-fan-petition-last-jedi-removed-from-canon/

26. comicbook.com/starwars/2018/05/27/solo-a-star-wars-story-box-office-fans-blame-the-last-jedi/

4장

1. 김영석, "뉴올리언스로 간 오바마 9살 꼬마 송곳 질문에 진땀", 국민일보, 2009년 10월 16일

2. 정선언, "블랭크, 마약베개와 퓨어썸샤워기를 탄생시킨 세 가지 질문", 폴인, 2020년 1월 30일

3. youtu.be/tV2uTp7FVAA

4. youtu.be/TGB7mPhvLzw

5. 김민범, "일동제약, 소비자 편의 위해 '제품 사용법 영상 서비스' 운영", 동아닷컴, 2019년 12월 23일

6. inspiration.wholefoodsmarket.com/

7. 홍성태, 《모든 비즈니스는 브랜딩이다》, 쌤앤파커스, 143쪽

8. 박지수, "신라면세점, 신개념 모바일 상품평 '신라팁핑' 도입", 동아닷컴, 2018년 9월 12일

9. funshop.co.kr/event/detail/16889

10. blog.gm-korea.co.kr/5076

11. blog.gm-korea.co.kr/4970

12. turbotax.intuit.com/reviews/

13. 정윤주, "'붓기차·정력제'… SNS 허위광고 인플루언서 15명 적발", YTN, 2020년 1월 9일

14. 박창영, "'이 제품 최고예요' 이젠 허위 댓글 달면 고소당하는 시대", 매일경제, 2015년 10월 30일

15. 주로 비평가 위주의 평점이다. 과거에 옛날 공연을 보던 관객들이 연기력이 매우 나쁜 연기자들에게 토마토를 던졌던 것에서 비롯되었다.

16. 구유나, "루이비통은 게임 만들고, 에르메스는 노래방 열었다", 티타임즈, 2019년 7월 24일

17. 최아영, "은행을 방문하는 또 하나의 이유, KEB하나은행 컬처뱅크(CULTURE BANK)", 디지털인사이트, 2019년 10월 14일

18. 윤홍만, "싫어요가 압도적! 영화 '소닉', 팬 비난에 캐릭터 리모델링 결정", INVEN,

2019년 5월 3일

19. 성선해, "'캣츠' 실사화 예고편, '싫어요' 테러 부른 충격 비주얼", 맥스무비, 2019년 7월
    31일

20. 리완창, 《참여감》, 와이즈베리, 35쪽

21. 리완창, 《참여감》, 와이즈베리, 33쪽

22. spring.baemin.com

23. 황보선, "밟는 게 기부… 전기 생산에 구매포인트까지", YTN, 2018년 12월 10일

24. facebook.com/LGinsteadofMKT

25. 노티 코헨, 《Join the Brand》, Ideapress

26. 김보연, "[기자수첩] 스타벅스 사랑, '서머 레디백 열풍' 불렀다", 이뉴스투데이,
    2020년 6월 24일

27. 수잔 포니어, 라라 리, "Getting Brand Communities Right", 하버드 비즈니스 리뷰,
    2009년 4월호

28. 이주희, "'캡틴 아메리카: 시빌 워', 캡틴 vs 아이언맨 '대국민 투표 이벤트' 진행", 전자신
    문, 2016년 4월 5일

29. 노연경, "'우리 모임 가입하세요'… 아웃도어·스포츠브랜드 '동호회 마케팅' 열풍", 브릿
    지경제, 2019년 12월 22일

30. 리완창, 《참여감》, 와이즈베리, 44쪽

31. 박형윤, "'비빔면 소스만'… 소비자 원하는 대로 만들었더니 대박", 서울경제,
    2019년 9월 23일

32. ideas.lego.com/challenges/5fa4eb3f-1e98-47d7-abbc-fdc2a29b79c3/application/2ae74ed1-
    0c39-4e4b-8862-06409fb6c7a4

33. "롯데카드, '들다 바꾸다' 캠페인", 매경이코노미, 2014년 10월 20일

34. youtu.be/s21GgNj9UEA

35. bandaimall.co.kr/custcenter/grade.do

36. extmovie.com/movietalk/53118984

5장

1. 서장원, "직관 승률 알 수 있다고? 한화, 한화이글콕 앱 런칭", 스포츠서울, 2019년 4월 4일

2. extmovie.com/sisaing/54385795

3. 셰릴 버지스, 마크 버지스, 《소셜 임플로이》, e비즈북스, 248쪽

스노우볼 팬데믹

2021년 10월 1일 초판 1쇄 | 2021년 8월 31일 4쇄 발행

지은이 박찬우
펴낸이 김상현, 최세현 **경영고문** 박시형

책임편집 김유경 **디자인** 정아연
마케팅 양봉호, 양근모, 권금숙, 임지윤, 이주형, 신하은, 유미정
디지털콘텐츠 김명래 **경영지원** 김현우, 문경국
해외기획 우정민, 배혜림 **국내기획** 박현조
펴낸곳 (주)쌤앤파커스 **출판신고** 2006년 9월 25일 제406-2006-000210호
주소 서울시 마포구 월드컵북로 396 누리꿈스퀘어 비즈니스타워 18층
전화 02-6712-9800 **팩스** 02-6712-9810 **이메일** info@smpk.kr

쌤앤파커스(Sam&Parkers)는 독자 여러분의 책에 관한 아이디어와 원고 투고를 설레는 마음으로 기다리고 있습니다. 책으로 엮기를 원하는 아이디어가 있으신 분은 이메일 book@smpk.kr로 간단한 개요와 취지, 연락처 등을 보내주세요. 머뭇거리지 말고 문을 두드리세요. 길이 열립니다.